à mains nues

Scénario : Leïla Slimani
Dessin : Clément Oubrerie
Couleur : Sandra Desmazières

Les Arènes BD

Cette bande dessinée est une fiction, librement inspirée de la vie de Suzanne Noël. Si nous avons pris quelques libertés avec les faits historiques, nous espérons avoir su rendre grâce au destin du docteur Noël, chirurgienne, féministe, femme libre et déterminée.

Pour mieux comprendre la bande dessinée, vous trouverez des explications de mots en bas de chaque page.
Le numéro indiqué avant chaque annotation renvoie à la vignette dans laquelle le mot est utilisé pour la première fois sur cette page.
La numérotation des vignettes correspond au sens de la lecture de la page : de gauche à droite, de haut en bas.

rendre grâce à qc/qn *ici :* rendre hommage à qc/qn (etw/jdn würdigen) – **déterminé** décidé (entschlossen)

ALORS, SUZANNE, ÇA TE PLAÎT LA CAPITALE, OU BIEN TU PRÉFÈRES LAON ?
TU NE RÉPONDS PAS ?
MAMAN, IL Y A TROP DE CIRCULATION.
AH... ALORS ALLONS FAIRE DU MANÈGE AU JARDIN D'ACCLIMATATION, SI TU VEUX.

3 **faire du manège** Karussell fahren – 3 **un jardin d'acclimatation** Tier- und Vergnügungspark

NOUS AVONS LE TEMPS, NOTRE TRAIN EST À CINQ HEURES.
CHIC!
HONK HONK
?!
SUZANNE, ATTENTION!
MES FREINS ONT LÂCHÉ!
HONK HONK
CRASH
QUELLE HORREUR!
HÉ!
PARTONS, ÇA NE SERT À RIEN DE RESTER LÀ.
MAMAN, LÂCHE-MOI!
SUZANNE, REVIENS!

3 **un frein** Bremse

MON DIEU!
C'EST HORRIBLE!
JÉSUS!
QUELLE BOUCHERIE!
UN CARNAGE!
SUZANNE!
SUZANNE!

1 **une boucherie** *ici :* un massacre – 2 **un carnage** un massacre

SUZANNE !

SUZANNE!
... LE MARI DOIT PROTECTION À SA FEMME, LA FEMME OBÉISSANCE À SON MARI...
... HENRY PERTAT ET SUZANNE GROS...
... JE VOUS DÉCLARE MARI ET FEMME!
ON NE BOUGE PLUS!
FLASH!

1 **l'obéissance** *f* le fait d'obéir (Gehorsam)

« MA CHÈRE MAMAN, COMME J'AI HÂTE QUE TU VIENNES VISITER NOTRE APPARTEMENT DE L'AVENUE DE VILLIERS... »
« L'IMMEUBLE DISPOSE DE TOUT LE CONFORT MODERNE : L'EAU COURANTE, LE GAZ ET L'ÉLECTRICITÉ... »
« HENRY TRAVAILLE BEAUCOUP ET RENTRE TARD. C'EST UN BON MÉDECIN ET IL COMMENCE À AVOIR UNE PATIENTÈLE... »
« PARIS EST UNE VILLE ÉTOURDISSANTE ET J'AI MILLE CHOSES À DÉCOUVRIR, ALORS JE PASSE MON MANTEAU DE CHEZ DOUCET (CADEAU D'HENRY) ET JE SORS ME PROMENER... »
« MAMAN, IL FAUT QUE TU GOÛTES LES BABAS AU RHUM DE CHEZ STOHRER, ILS SONT IRRÉSISTIBLES... »
« L'EXPOSITION UNIVERSELLE SE PRÉPARE, C'EST LE PLUS GRAND CHANTIER QU'ON PUISSE IMAGINER... »
« JAMAIS À LAON ON EN VERRA DE TEL ! »

1 **avoir hâte** être pressé, ne pas pouvoir attendre – 3 **une patientèle** des patients – 4 **étourdissant** *ici :* überwältigend – 5 **un baba au rhum** un gâteau avec du rhum et un sirop 6 **l'exposition universelle** une grande exposition où différentes nations présentent leur technique et leur art (en 1900 une grande exposition universelle est organisée à Paris)

"QUAND HENRY A FINI SA JOURNÉE, NOUS ALLONS ENSEMBLE AUX SALONS DE PEINTURE OU À L'OPÉRA, COMME DE VRAIS PARISIENS."
"TE SOUVIENS-TU DE NOTRE SÉJOUR ICI APRÈS LA MORT DE PAPA ? TOUT ME SEMBLAIT SI EFFRAYANT."
"QUAND VIENDRAS-TU, MAMAN ? TU SAIS QUE JE N'AI PAS D'AUTRES AMIES QUE TOI."
ENFIN, SUZANNE, JOUE DONC ! LE COURS DE PEINTURE COMMENCE DANS UNE MINUTE.
AH OUI, C'EST À MOI, PARDON !
BELOTE ET REBELOTE.
ENCORE ?
QUOI ?
À NOUS, FILLES DE THESPIUS !
MAÎTRE !

2 **effrayant** qui fait peur – 4 **belote et rebelote** expression utilisée dans le jeu de cartes du même nom, la belote – 5 **Thespius** un roi de la mythologie grecque qui eut 50 filles

RESSENTEZ-VOUS CETTE EXALTATION D'ÂME PROPRE À LA CRÉATION ?
OUI, MAÎTRE. HI HI HI...
À VOS PINCEAUX !
APRÈS NOTRE SÉANCE AVEC LES PETITS CHATS, J'AI DÉCIDÉ DE NOUS CONFRONTER À LA SAUVAGERIE DE MÈRE NATURE.
ÊTES-VOUS PRÊTES ?
OH !
ET VOILÀ !
COMME C'EST CHARMANT !
RAPPELEZ-VOUS : SANS TECHNIQUE IL NE PEUT Y AVOIR D'ART. ALORS, JE VOUS EN CONJURE, NE ME FAITES PAS DU MONET !
OUBLIEZ TOUS CES "IMPRESSIONNISTES" ET PENSEZ À NOS MAÎTRES... JEAN-LÉON GÉRÔME, JULES LEFEBVRE... PENSEZ ACADÉMISME !
PERRUCHES IDIOTES.
ET CET IMBÉCILE QUI NE COMPREND RIEN AU GÉNIE DE MONET.
L'ART N'EST PAS AFFAIRE DE TECHNIQUE...
...C'EST UNE VISION, C'EST LA TENTATIVE DE DONNER CORPS À UN RÊVE.

1 **l'exaltation** *f* la passion – 1 **l'âme** *f* Seele – 1 **propre à qc** einer Sache eigen – 2 **la sauvagerie** –Grausamkeit – 4 **je vous en conjure** ich flehe Sie an – 5 **une perruche** *ici :* Schnattergans

NICOLAS
?!
BONSOIR.
MADAME.
CE TABLEAU BLEU EN VITRINE, IL EST DE QUI ?
LE BLEU ? DE PAUL CÉZANNE, MADAME.
UNE ŒUVRE TOUT À FAIT REMARQUABLE, SI VOUS VOULEZ MON AVIS.
OUI, C'EST SAISISSANT.
COMME SI LE PEINTRE VOYAIT L'INTÉRIEUR DES ÊTRES.

 5 **saisissant** impressionnant (ergreifend) – 6 **un être** Wesen

?
!?
BONJOUR, MADAME. SOUHAITEZ-VOUS QUE L'ON VOUS SERVE À DÉJEUNER ?
OH NON, NE VOUS DÉRANGEZ PAS. EST-CE QUE JE PEUX VOUS AIDER ?
MARTHE ALLAIT PRÉPARER LE CIVET.
MONSIEUR HENRY...
AH ?
... EN RAFFOLE.
!?

5 **un civet** *ici :* Hasenpfeffer – 6 **raffoler de qc** adorer qc

MADAME, VOUS DEVRIEZ ALLER VOUS PRÉPARER. VOTRE COUTURIÈRE DOIT PASSER DANS UNE HEURE ET VOUS AVEZ SANS DOUTE DES VISITES...
SI QUELQU'UN VIENT, DITES QUE JE SUIS SORTIE. JE NE SUIS LÀ POUR PERSONNE.

MA CHÉRIE, J'AI PU SORTIR PLUS TÔT ! JE ME SUIS DIT QUE NOUS POURRIONS FAIRE UNE PETITE PROMENADE.
ALLEZ, HABILLE-TOI, JE T'ATTENDS.
SAMEDI PROCHAIN NOUS POURRIONS ORGANISER UNE RÉCEPTION, QU'EN DIS-TU ?
OH, JE NE SAIS PAS...
C'EST TOUJOURS LA MÊME CHOSE, LES MÊMES CONVERSATIONS FUTILES...
MAIS LES DUMONTIER HÉBERGENT UNE ÉCRIVAINE AMÉRICAINE, UNE CERTAINE GERTRUDE ATHERTON, ET ILS VOUDRAIENT NOUS LA PRÉSENTER.
ÇA POURRAIT ÊTRE AMUSANT, NON ?
AS-TU VU QUELQUE CHOSE QUI TE PLAÎT ? JE T'OFFRE CE QUE TU DÉSIRES !
OH NON, TU ES GENTIL, JE NE VEUX RIEN.
RACONTE-MOI PLUTÔT... AS-TU VU DES PATIENTS INTÉRESSANTS AUJOURD'HUI ?
EH BIEN... UNE MADAME LYON EST VENUE AVEC UN ECZÉMA...
... COMME JE N'EN AVAIS ENCORE JAMAIS VU !

3 **une réception** une soirée où on reçoit chez soi – 4 **futile** sans importance – 5 **héberger qn** loger qn chez soi – 6 **un eczéma** Ekzem (entzündliche Hauterkrankung)

VOTRE COLLECTION DE PEINTURE EST TOUT À FAIT REMARQUABLE.
AH, ÇA, C'EST SUZANNE QU'IL FAUT FÉLICITER. ELLE PASSE SES JOURNÉES DANS LES GALERIES.
ET VOUS, MISS ATHERTON, QU'EST-CE QUI VOUS AMÈNE À PARIS ?
J'AI L'INTENTION D'ÉCRIRE UN ARTICLE SUR LES ÉTUDIANTES DE L'UNIVERSITÉ.
PARIS ATTIRE DES JEUNES FEMMES DU MONDE ENTIER. DES AMÉRICAINES, DES POLONAISES, DES ROUMAINES, DÉSIREUSES DE SORTIR DE LEUR CONDITION.
ÉTUDIER, ÉTUDIER...
LES FEMMES NE SERONT BIENTÔT PLUS NOS MAÎTRESSES MAIS NOS MAÎTRES !
HA! HA! HA! HA! HA! HA! HA! HA! HA!
MONSIEUR, CE SONT DES IDÉES BIEN RÉTROGRADES QUE VOUS EXPOSEZ LÀ. BIENTÔT LES FEMMES SERONT MÉDECINS, INGÉNIEURES, AVOCATES... AUCUNE NATION MODERNE NE PEUT SE PRIVER DE L'INTELLIGENCE DE LA MOITIÉ DE SA POPULATION.

5 **un maître, une maîtresse** Lehrer/in; **une maîtresse** Mätresse – 7 **rétrograde** ≠ moderne – 7 **un(e) avocat(e)** Rechtsanwalt/-anwältin – 7 **se priver de qc** auf etw verzichten

MAIS NOUS N'AVONS NULLEMENT L'INTENTION DE NOUS PRIVER DES QUALITÉS QUI FONT DES FEMMES DES ÊTRES SI DÉLICIEUX.
MONSIEUR QUIGNARD, EXCUSEZ-MOI MAIS MADAME ATHERTON A PARFAITEMENT RAISON : LES TEMPS CHANGENT.
LES FEMMES SE BATTENT POUR LEURS DROITS ET POUR LA RECONNAISSANCE QU'ELLES MÉRITENT.
POURQUOI NOUS CONTENTER D'UN DESTIN FRIVOLE ET VAIN QUAND NOUS AVONS SOIF DE CONNAISSANCES ET QUE NOUS SOMMES ANIMÉES DU DÉSIR DE NOUS RENDRE UTILES ?
EH BIEN, MADAME PERTAT...
... JE NE VOUS SAVAIS PAS ACQUISE AUX IDÉES DE MARGUERITE DURAND ET DE CES AUTRES SUFFRAGETTES. MÉFIEZ-VOUS, MON CHER HENRY, VOTRE FEMME SE TRANSFORME EN CERVELINE...
... CORPS DE NYMPHE ET CERVEAU D'HOMME.
JE VOUS EN PRIE, PAUL...
MADAME ATHERTON, RACONTEZ-NOUS PLUTÔT LA VIE DANS VOS ÉTATS-UNIS D'AMÉRIQUE...

1 **ne... nullement** ne... pas du tout – 2 **mériter qc** etw verdienen – 3 **se contenter de qc** sich mit etw begnügen – 3 **vain** sinnlos – 3 **être animé d'un désir** désirer qc – 4 **être acquis à des idées** partager des idées – 4 **les suffragettes** *fpl* des femmes qui luttaient pour que les femmes aient le droit de vote – 4 **se méfier** *ici :* faire attention – 4 **une cerveline** *vx* une femme qui étudiait dans un milieu d'hommes

TU SEMBLES CONTRARIÉE, CHÉRIE.
CE QUIGNARD EST UN IMBÉCILE ET UN GROSSIER PERSONNAGE.
OH, IL EST UN PEU VIEUX JEU.
TU NE DEVRAIS PAS PRENDRE CE GENRE DE PROPOS TROP À CŒUR.
BONNE NUIT, MON AMOUR.
SUZANNE ?
JE VOUDRAIS ÉTUDIER.
ÉTUDIER... ?
QUE... ?
MAIS... BIEN ENTENDU, MA CHÉRIE !
TU ES UNE JEUNE FEMME SI VIVE, SI CURIEUSE.
SI TU LE DÉSIRES, TU POURRAIS PASSER LE BACCALAURÉAT. QU'EN DIS-TU ?
J'EN DIS QUE CE SERAIT MERVEILLEUX !

1 **contrarié** mécontent, fâché – 1 **un imbécile** un iciot – 1 **grossier** impoli – 2 **être vieux jeu** avoir des idées démodées – 6 **vif, vive** *ici :* aufgeweckt

SUZANNE SE MET ALORS À PRÉPARER LE BACCALAURÉAT EN CANDIDATE LIBRE.
MAMAN, JE N'Y ARRIVERAI JAMAIS.
?
ALLONS BON !
JE DOIS TOUT RATTRAPER, TU COMPRENDS ? LES MATHS, LA PHILOSOPHIE, LES SCIENCES.
JE VAIS ME RIDICULISER ET RIDICULISER TOUTES LES FEMMES.
TU Y ARRIVERAS TRÈS BIEN. TES PROFESSEURS ONT TOUJOURS DIT QUE TU ÉTAIS DOUÉE POUR LES ÉTUDES.
MAMAN, ÇA NE VA PAS SUFFIRE. IL ME MANQUE DES ANNÉES D'ÉTUDE.
AH, SI TON PÈRE ÉTAIT ENCORE DE CE MONDE... IL AVAIT DE GRANDES AMBITIONS POUR TOI, TU SAIS.
ALLONS, MAMAN, NE PLEURE PAS OU JE VAIS PLEURER MOI AUSSI.
J'AI TOUJOURS SU QUE LAON SERAIT TROP PETIT POUR TOI, QUE TU AVAIS BESOIN D'AMPLEUR, DE GRANDS DÉFIS. ALLONS, ALLONS, NE SOYONS PAS SENTIMENTALES. REPRENDS-TOI, SUZANNE, ET METS-TOI AU TRAVAIL !

4 **doué** talentueux – 6 **l'ampleur** *f* Weite – 6 **un défi** Herausforderung – 6 **se reprendre** retrouver du courage

ET, EN 1903, ELLE SE PRÉSENTE À L'EXAMEN…
TOUT LE MONDE EST ASSIS ?
BIEN.
DÉTERMINEZ LE MODULE ET L'ARGUMENT DE CHAQUE SOLUTION DE L'ÉQUATION $2Z^2 + 1 = 0$, Z4 –√ OÙ Z APPARTIENT AU CORPS DES NOMBRES COMPLEXES.
"LUNA LUCEBAT TANQUAM MERIDIE. VENIMUS INTER MONIMENTA : HOMO MEUS COEPIT AD STELAS FACERE." IDENTIFIEZ LE TEMPS, LA PERSONNE ET LA VALEUR DU MODE POUR CHAQUE FORME ET EXPLIQUEZ COMMENT ELLES PERMETTENT D'ANIMER LE RÉCIT.
L'AUTRICHE-HONGRIE, UN EXEMPLE UNIQUE DE DOUBLE MONARCHIE EN EUROPE.
DÉVELOPPEZ.
ON DISPOSE D'UNE SOLUTION S0 D'ACIDE BUTYRIQUE DE CONCENTRATION MOLAIRE C0 = 5,00.10-3 MOL.L-1.
QUELLE EST LA FORMULE DE L'ION BUTANOATE, BASE CONJUGUÉE DE L'ACIDE BUTYRIQUE ?
"SUIS-JE MON CORPS ?"
VOUS AVEZ DEUX HEURES.

2 **déterminer** *ici :* trouver 2 **une équation** Gleichung – 3 **animer un récit** beleben – 4 **l'Autriche-Hongrie** Österreich-Ungarn – 5 **disposer de qc** avoir qc – 5 **l'acide butyrique** Buttersäure – 5 **une formule** Formel – 5 **l'ion butandate** Buttersäureion

À MA CHÈRE FILLE, LA PREMIÈRE BACHELIÈRE DE LA FAMILLE !
À SUZANNE !
QUAND JE RACONTERAI ÇA À LAON, ILS SERONT TOUS SI FIERS !
ET MAINTENANT, QUE COMPTES-TU FAIRE ?
EH BIEN, NOUS EN AVONS PARLÉ AVEC HENRY : JE VAIS CONTINUER LES ÉTUDES... ET FAIRE MÉDECINE.
MAIS... CHÉRIE, ÇA DURE DES ANNÉES, ET C'EST TRÈS DIFFICILE DE S'ÉTABLIR COMME MÉDECIN À PARIS, SURTOUT SI ON EST UNE FEMME !
AVEC L'AIDE D'HENRY, SON EXPÉRIENCE, SA CLIENTÈLE, JE POURRAI EXERCER. IL EST D'ACCORD POUR QUE JE TRAVAILLE AVEC LUI AU CABINET.
MÉDECIN ! C'EST VRAI, JE TE REVOIS ENFANT LORSQUE TON PÈRE ÉTAIT MALADE. TU VOULAIS TOUT LE TEMPS LE SOIGNER.
TU JOUAIS DES HEURES À INVENTER DES MÉDICAMENTS.
ET PUIS... IL EST PARTI...
MA FILLE VA DEVENIR MÉDECIN !!
ELLE EN EST TOUT À FAIT CAPABLE, CROYEZ-MOI.

1 **un bachelier, une bachelière** une personne qui a eu son bac(calauréat) – 4 **s'établir** sich niederlassen – 4 e**xercer (un métier)** ausüben – 4 **un cabinet** *ici :* Praxis

TOUT IRA TRÈS BIEN, J'EN SUIS SÛR.
TU CROIS ?
VOILÀ, LA FAC EST ICI.
AH, QUE DE SOUVENIRS ! ÇA NE ME RAJEUNIT PAS.
BON, JE TE LAISSE. À CE SOIR, CHÉRIE.
OUI...
À CE SOIR.
IL N'Y A DONC AUCUNE FEMME ?
...LE DEUXIÈME UN PEU MOINS SAGE, LA RIRETTE, LA RIRETTE,
LE DEUXIÈME UN PEU MOINS SAGE, LA JETA SUR LE GAZON...
...LE TROISIÈME ENCORE MOINS SAGE, LA RIRETTE, LA RIRETTE, LE TROISIÈME ENCORE MOINS SAGE, LUI SOULEVA SON BLANC JUPON...
GRAND AMPHITHÉÂTRE

2 **la fac(ulté)** un département de l'université – 2 **rajeuni-** rendre plus jeune – 5 **La Rirette** (« Jeanneton prend sa faucille ») *anzügliches (Volks-)Lied* – 5 **le gazon** Rasen – 6 **un jupon** Unterrock

PAR LÀ-BAS, DES JEUNES FEMMES!
PARDON_
HÉ ! ATTENTION !
PARDON.
DU CALME! UN PEU DE RESPECT, MESSIEURS, UN PEU DE RESPECT_
VOUS VOUS ENGAGEZ DANS DES ÉTUDES LONGUES ET DIFFICILES_ VOUS AUREZ ENTRE VOS MAINS LA VIE DES AUTRES_
VOUS VERREZ L'INTÉRIEUR DES ÊTRES_
VOUS SEREZ LES DÉPOSITAIRES DES SECRETS DE VOS PATIENTS_
TOUT CELA VOUS OBLIGE, MESSIEURS, MESDAMES, À ADOPTER UNE ATTITUDE HONORABLE QUI ...
MA VRAIE VIE COMMENCE!

6 **un dépositaire** Mitwisser

LES OS DE LA MAIN :
... LE CARPE, COMPOSÉ DE DEUX RANGÉES DE QUATRE OS COURTS, CONSTITUE AVEC LE RADIUS ET LE CUBITUS L'ARTICULATION DU POIGNET.
LE MÉTACARPE, COMPOSÉ DE CINQ OS LONGS, FORME LE SQUELETTE DE LA PAUME ET SE PLACE DANS LE PROLONGEMENT DE CHAQUE DOIGT.
EH BIEN, HENRY ?
EST-CE QUE C'EST BIEN ÇA ?
HENRY ?!
OUI !?
PARDON... "LE CARPE, COMPOSÉ DE DEUX RANGÉES..."
VA TE COUCHER, MON HENRY.
TU DEVRAIS TE REPOSER TOI AUSSI. CROIS-EN MON EXPÉRIENCE, UN BON ÉTUDIANT DOIT SAVOIR SE REPOSER.
JE TE REJOINS TRÈS VITE.
JE LIS ENCORE UN CHAPITRE ET JE VIENS DORMIR.

1 **un os** Knochen – 2 **la paume** l'intérieur de la main – 2 **un prolongement** Verlängerung – 1 **le carpe** *anat* Handwurzelknochen – 1 **le radius** *anat* Speiche – 1 **le cubitus** *anat* Elle – 1 **une articulation** *anat* Gelenk – **le poignet** *anat* Handgelenk – 2 **le métacarpe** *anat* Mittelhand

MADAME SUZANNE !
CHUT !
BIOLOGIE MODERNE
MAIS...
MADAME SUZANNE A TRAVAILLÉ TOUTE LA NUIT, DITES AUX AUTRES DE NE PAS LA RÉVEILLER.
MONSIEUR HENRY...

VOUS SAVEZ QUE JE NE VOUS VEUX QUE DU BIEN ET QUE J'AI PROMIS À FEU VOTRE MÈRE DE PRENDRE GRAND SOIN DE VOUS. MAIS LE COMPORTEMENT DE MADAME VOTRE ÉPOUSE DÉPASSE TOUTES LES BORNES.
SAVEZ-VOUS QU'IL LUI ARRIVE, CERTAINS APRÈS-MIDI, D'AMENER ICI DES CAMARADES D'ÉTUDES ?
DES GOUJATS, MONSIEUR, QUI PARLENT FORT, QUI FONT DES PLAISANTERIES SALACES AU PERSONNEL.
ILS FUMENT DES CIGARETTES SUR LE SOFA, ILS RÉCLAMENT À MANGER.
ALLONS... NE RÉVEILLEZ PAS SUZANNE. DITES-LUI QUE JE SUIS À MON CABINET.
QU'ELLE M'ATTENDE POUR DÉJEUNER.
ENTENDU, MONSIEUR.

1 **feu votre mère** votre mère qui est morte – 1 **dépasser les bornes** *fpl* dépasser les limites, aller trop loin – 3 **un goujat** Rüpel – 3 **salace** unanständig

AH! QUEL ENNUI CE PROF. C'EST À VOUS DÉGOÛTER DE LA MÉDECINE.
J'AI DORMI AU BOUT DE QUELQUES MINUTES, JE LE CONFESSE.
SUZANNE, TU NOUS ACCOMPAGNES? ON PENSAIT BOIRE UN VERRE ET REVOIR LES MATIÈRES POUR L'EXAMEN.
JUSTE UN VERRE, ALORS.
RUE LARREY BAINS d'EAU à 40c
LE CORSET MYSTÈRE
LE ROI DES CORSETS
BAINS de VAPEUR BAINS RUSSES DOUCHES
LITS & FAUTEUILS MÉCANIQUES POUR MALADES & BLESSÉS
VENTE & LOCATION
VINS GROS & DÉTAIL
OH SUZANNE, ARRÊTE! TU POURRAIS PASSER LES EXAMENS COMPLÈTEMENT IVRE SI TU VOULAIS.
JE DEVRAIS PEUT-ÊTRE TENTER DE ME SOÛLER, ALORS.
PATRON! À BOIRE!
ÇA SERA?
CASANIS!
UNE SUZE!
UN DEMI!
J'AI PLUS UN SOU. TU M'AVANCES?
SI TU REMBOURSAIS TES DETTES, PEUT-ÊTRE.

1 **dégoûter qn** es jdm verleiden, jdm die Lust an etw nehmen – 1 **confesser qc** *ici :* admettre qc, reconnaître qc – 3 **ivre** betrunken – 3 **se soûler** sich betrinken – 5 **avancer qn** payer pour qn qui remboursera l'argent après – 5 **une dette** Schuld

ALORS ? CE SERA QUOI ?
ON VA PAS Y PASSER LA JOURNÉE !
...
ON COMMENCE PAR QUOI ? ANATOMIE ? PATHOLOGIE ?
OUI, ANDRÉ, COMMENÇONS PAR L'ANATOMIE.
CRASH !
VOUS ALLEZ PAYER LA CASSE !
ON NE S'ENTEND PAS PENSER, ICI.
SUZANNE, TU NOUS INVITES CHEZ TOI ?
TA BONNE POURRAIT NOUS PRÉPARER DES PETITS GÂTEAUX, NON ?
!?
NON, PAS AUJOURD'HUI. JE DOIS RENTRER D'AILLEURS, QUELLE HEURE EST-IL ?
EH BIEN, QU'EST-CE QUI SE PASSE ?
TON PETIT MARI T'ATTEND ?
TU DOIS LUI SERVIR LE DÎNER ?

SUZANNE !
PARDON, SUZANNE, EXCUSE-MOI, J'AI ÉTÉ BÊTE. JE VOULAIS SEULEMENT RIRE...
TU TROUVES ÇA DRÔLE, PEUT-ÊTRE, DE ME DÉPEINDRE COMME UNE PAUVRE PETITE ÉPOUSE DOCILE ?
LA VÉRITÉ, C'EST QUE JE N'AVAIS AUCUNE ENVIE D'ÊTRE LÀ, DANS CE CAFÉ, AVEC CETTE BANDE D'IDIOTS.
EH BIEN VA-T'EN, ALORS.
PAS BESOIN DE T'EN PRENDRE À MOI.
MAIS C'EST AVEC TOI QUE J'AI ENVIE D'ÊTRE. SEULEMENT AVEC TOI.
JE DOIS RENTRER CHEZ MOI MAINTENANT. MON PETIT MARI M'ATTEND.
ALORS PERMETS-MOI DE T'ACCOMPAGNER.
TU VEUX BIEN ?
...MON PÈRE EST DIRECTEUR DU BUREAU DE LA CHARITÉ PUBLIQUE...
...IL NOUS A ÉLEVÉS DANS LA CONVICTION QU'IL FALLAIT LUTTER CONTRE LA PAUVRETÉ...

2 **dépeindre qn** caractériser qn, décrire qn – 2 **docile** qui obéit, qui fait ce qu'on lui dit – 3 **s'en prendre à qn** attaquer qn, critiquer qn – 7 **la charité publique** *ici :* eine öffentliche Wohlfahrtspflegeorganisation

C'EST POUR CELA QUE J'AI CHOISI MÉDECINE.
DANS UN BUT SOCIAL.
ET TOI ?
QU'EST-CE QUI T'A AMENÉE À L'UNIVERSITÉ ?
QUAND HENRY ÉTAIT ÉTUDIANT, IL ME PARLAIT DES INCROYABLES AVANCÉES DE LA SCIENCE.
J'ÉTAIS JALOUSE DE TOUT CE QU'IL APPRENAIT.
AH, TU VEUX SUIVRE LES TRACES DE TON MARI, C'EST ÇA ? LA MÉDECINE BOURGEOISE, TRÈS PEU POUR MOI.
JE N'AI AUCUNE ENVIE DE SOIGNER LES HÉMORROÏDES D'UN VIEUX COMTE...
...C'EST AUPRÈS DES PLUS MISÉRABLES QUE NOUS DEVONS NOUS TROUVER.
OH, ANDRÉ, ARRÊTE AVEC CE TON CONDESCENDANT, JE N'AIME PAS QU'ON ME FASSE LA LEÇON.
JE SAIS QUE J'AI SEPT ANS DE MOINS QUE TOI ET TU DOIS ME PRENDRE POUR UN JEUNE IDÉALISTE. MAIS JE VOUDRAIS T'ARRACHER À CETTE TIÉDEUR BOURGEOISE, JE VOUDRAIS...
ANDRÉ, JE VAIS PRENDRE L'OMNIBUS.
JE SUIS EN RETARD.
D'ACCORD... MAIS LA PROCHAINE FOIS PROMETS-MOI QUE TU VIENDRAS CHEZ MOI POUR TRAVAILLER AU CALME.
JE TE FERAI DÉCOUVRIR MONTMARTRE, TU VEUX BIEN ?

1 **une avancée** *ici :* un progrès – 2 **bourgeois** bürgerlich – 3 **un comte** Graf – 3 **un misérable** qn qui vit dans la misère, la pauvreté – 3 **condescendant** herablassend

LES SEMAINES QUI SUIVENT, ANDRÉ FAIT DÉCOUVRIR À SUZANNE LES CABARETS DU BOULEVARD ROCHECHOUART.

OUBLIE TES RESTAURANTS GUINDÉS ET TES RÉCEPTIONS DE CULS SERRÉS !
SI TU VEUX VOIR LA NUIT PARISIENNE, C'EST SUR LES BOULEVARDS QU'IL FAUT ALLER.
NON, NON, ANDRÉ, JE T'EN PRIE.
JE DOIS RENTRER MAINTENANT.
JUSTE UNE HEURE !
TU NE LE REGRETTERAS PAS, JE TE LE PROMETS.
JE N'ÉTAIS JAMAIS VENUE DANS UN ENDROIT PAREIL.
ANDRÉ !
ANDRÉ, JOLI CŒUR, ÇA FAISAIT LONGTEMPS ! J'AVAIS FINI PAR CROIRE QUE TU M'AVAIS OUBLIÉE.
!?

1 **guindé** pompeux – 1 **un cul serré** une personne coincée, prude

TU LA CONNAISSAIS, CETTE DANSEUSE ?
PAS VRAIMENT. CHANGEONS DE CABARET, ALLONS AUX TRUANDS.
RABELAIS
CASINO
PAUL ?
CABARET DES TRUANDS
GÉDÉON !?
SUZANNE, QUAND JE TE DISAIS QU'ON VERRAIT DE VRAIS TRUANDS ! QU'EST-CE QUE VOUS FAITES LÀ ?
ET VOUS ?
ALORS, SUZANNE, TU T'ENCANAILLES DANS LES TRIPOTS ?
NON, JE VAIS RENTRER JE CROIS, ET PUIS J'AI MAL AUX PIEDS.
PAS QUESTION. TU DOIS VOIR ÇA !
!?
BIENVENUE !
... C'EST LA DANSE NOUVELLE, MADEMOISELLE, PRENEZ UN AIR CANAILLE, CAMBREZ LA TAILLE...

1 **un truand** un gangster – 4 **s'encanailler** traîner avec la *canaille* (Halunke) – 4 **un tripot** Spelunke – 6 **cambrer la taille** einen Hohlkreuz machen

ALORS, SUZANNE ?
ÇA TE PLAÎT ?
C'EST MA TOURNÉE !
MADEMOISELLE...
VOUS NE SERIEZ PAS MODÈLE PAR HASARD ? J'AI UN ATELIER SUR LA BUTTE ET JE RÊVERAIS DE PEINDRE CE BEAU VISAGE.
MOI ? OH NON...
J'ADMIRE LES PEINTRES, MAIS...
CETTE DEMOISELLE QUE VOUS VOYEZ LÀ EST MÉDECIN, FIGUREZ-VOUS !
L'ÉTUDIANTE LA PLUS BRILLANTE QUE J'AIE JAMAIS VUE !
MES HOMMAGES, DOCTEUR.
SUZANNE OUBLIE SON ÂGE, SON MILIEU ET ELLE APPREND À S'ABANDONNER, SÉDUITE PAR CE JEUNE MÉDECIN IDÉALISTE ET LIBRE.
J'AI LA TÊTE QUI TOURNE.
NE T'INQUIÈTE PAS, JE VAIS TE RAMENER. TU AS UN PEU TROP BU, C'EST TOUT.
JE CROIS QUE C'EST LA PLUS BELLE NUIT DE MA VIE.

1 **C'est ma tournée !** Das geht auf mich – 3 **une butte** une colline

ALORS ?
ATTENDS, VEUX-TU ?
JE M'EN SOUVIENS TRÈS BIEN.
L'ADÉNOPATHIE DE...
OUI ?
DE...
DE...
DE...
OH, ET PUIS ZUT !
RESTE, SUZANNE.
JE NE PEUX PAS.
HENRY M'ATTEND. NOUS RECEVONS À DÎNER.
JE VOULAIS DIRE... RESTE POUR TOUJOURS.
QUITTE HENRY.

NOUS POURRIONS VIVRE ICI, TOUS LES DEUX, DANS NOTRE PETIT NID...
ANDRÉ!
...NOUS N'AURIONS BESOIN DE RIEN D'AUTRE QUE DE PAIN ET DE VIN, ON VIVRAIT COMME CES ARTISTES DU BATEAU-LAVOIR.
ARRÊTE, ANDRÉ, TU NE SAIS PAS CE QUE TU DIS.
JE NE PEUX PAS QUITTER HENRY. IL A ÉTÉ SI BON POUR MOI.
EH BIEN VA-T'EN, ALORS!
VA LE REJOINDRE, TON PETIT DOCTEUR DE MARI, QUI T'A PRÉPARÉ UNE PLACE AU CHAUD DANS SON CABINET.
JE NE TE RETIENS PAS!

1 **un nid** Nest – 2 **le bateau-lavoir** un endroit à Montmartre, créé en 1904, où vivaient et peignaient / écrivaient des artistes et auteurs

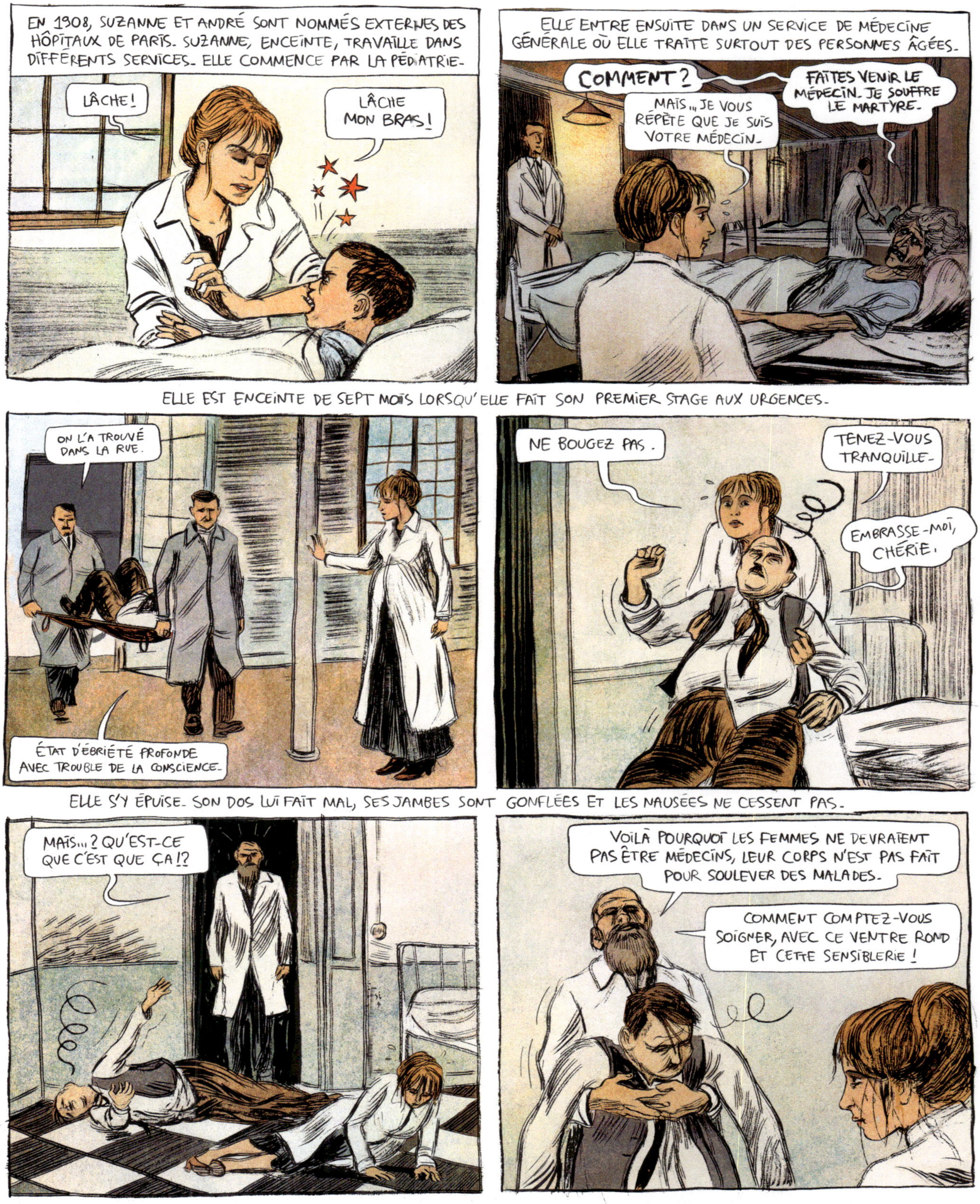
EN 1908, SUZANNE ET ANDRÉ SONT NOMMÉS EXTERNES DES HÔPITAUX DE PARIS. SUZANNE, ENCEINTE, TRAVAILLE DANS DIFFÉRENTS SERVICES. ELLE COMMENCE PAR LA PÉDIATRIE.
LÂCHE !
LÂCHE MON BRAS !
ELLE ENTRE ENSUITE DANS UN SERVICE DE MÉDECINE GÉNÉRALE OÙ ELLE TRAITE SURTOUT DES PERSONNES ÂGÉES.
COMMENT ?
FAITES VENIR LE MÉDECIN. JE SOUFFRE LE MARTYRE.
MAIS... JE VOUS RÉPÈTE QUE JE SUIS VOTRE MÉDECIN.
ELLE EST ENCEINTE DE SEPT MOIS LORSQU'ELLE FAIT SON PREMIER STAGE AUX URGENCES.
ON L'A TROUVÉ DANS LA RUE.
ÉTAT D'ÉBRIÉTÉ PROFONDE AVEC TROUBLE DE LA CONSCIENCE.
NE BOUGEZ PAS.
TENEZ-VOUS TRANQUILLE.
EMBRASSE-MOI, CHÉRIE.
ELLE S'Y ÉPUISE. SON DOS LUI FAIT MAL, SES JAMBES SONT GONFLÉES ET LES NAUSÉES NE CESSENT PAS.
MAIS... ? QU'EST-CE QUE C'EST QUE ÇA !?
VOILÀ POURQUOI LES FEMMES NE DEVRAIENT PAS ÊTRE MÉDECINS, LEUR CORPS N'EST PAS FAIT POUR SOULEVER DES MALADES.
COMMENT COMPTEZ-VOUS SOIGNER, AVEC CE VENTRE ROND ET CETTE SENSIBLERIE !

1 **un externe des hôpitaux** étudiant en médecine qui assiste les médecins dans un hôpital – 1 **enceinte** qui attend un bébé – 1 **la pédiatrie** Kinderheilkunde – commentaire 1 **les urgences** *fpl* Notaufnahme – 3 **en état d'ébriété** *f* in betrunkenem Zustand – commentaire 2 **s'épuiser** se fatiguer beaucoup – **gonflé** geschwollen – **une nausée** Übelkeit

À LA FIN DE L'ANNÉE, SUZANNE DONNE NAISSANCE À LA PETITE JACQUELINE. L'ENFANT FAIT LA JOIE D'HENRY ET DE MARGUERITE.
BÉBÉ !
TOUT LE PORTRAIT DE SON PÈRE !
PARFOIS, ELLE FIXE LE VISAGE DE L'ENFANT, SES YEUX BLEUS, SA PEAU LAITEUSE, ET L'ANGOISSE L'ENVAHIT.
ELLE CHERCHE, DANS LES TRAITS DE JACQUELINE, UNE RÉPONSE AU DOUTE QUI LA RONGE : QUI, D'ANDRÉ OU D'HENRY, EST LE PÈRE DE SA FILLE ?
TOUT LE PORTRAIT DE SON PÈRE...
AGA GA GA

commentaire 1 **l'angoisse** *f* une grande peur – commentaire 2 **ronger** nagen an

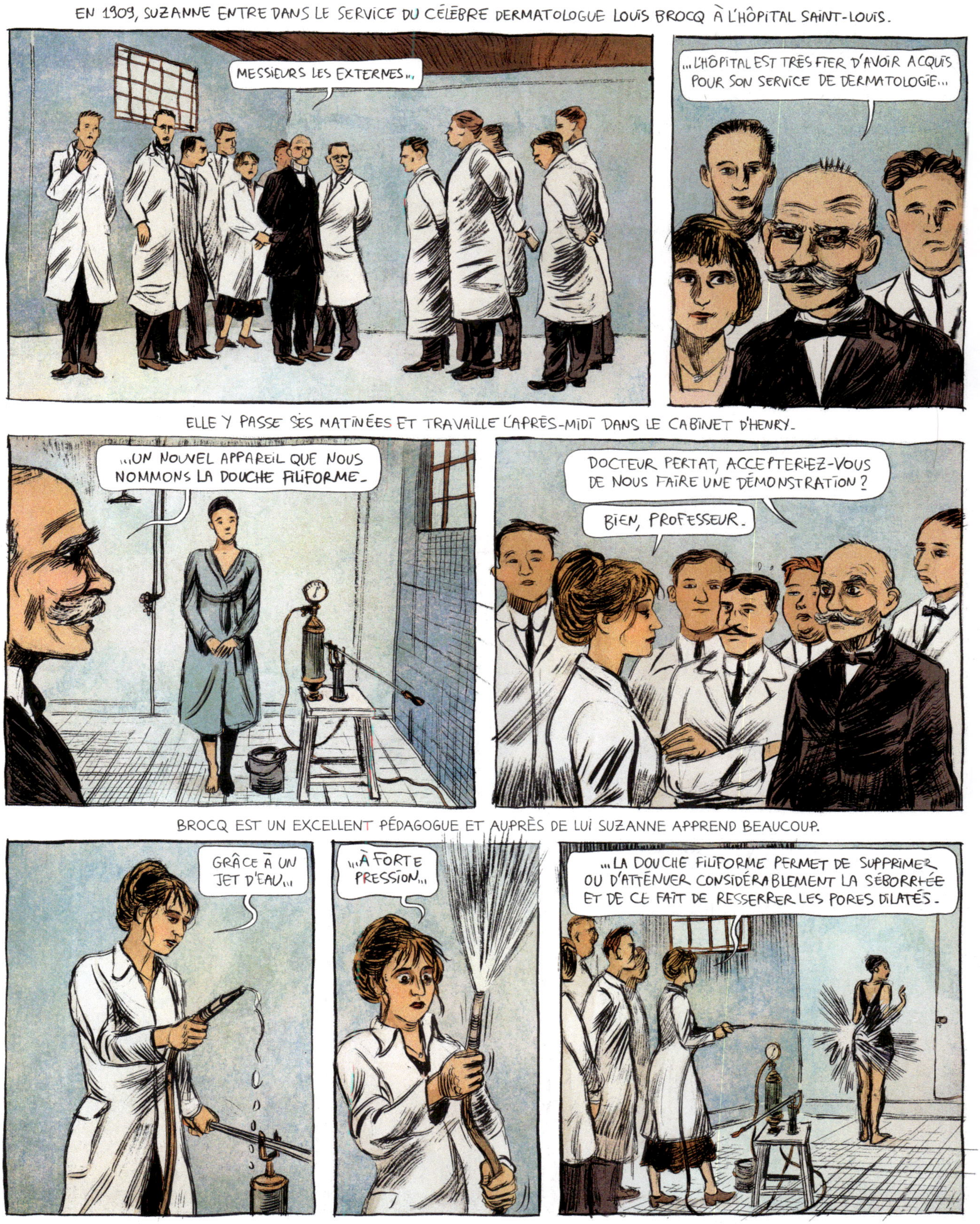
EN 1909, SUZANNE ENTRE DANS LE SERVICE DU CÉLÈBRE DERMATOLOGUE LOUIS BROCQ À L'HÔPITAL SAINT-LOUIS.
MESSIEURS LES EXTERNES...
...L'HÔPITAL EST TRÈS FIER D'AVOIR ACQUIS POUR SON SERVICE DE DERMATOLOGIE...
ELLE Y PASSE SES MATINÉES ET TRAVAILLE L'APRÈS-MIDI DANS LE CABINET D'HENRY.
...UN NOUVEL APPAREIL QUE NOUS NOMMONS LA DOUCHE FILIFORME.
DOCTEUR PERTAT, ACCEPTERIEZ-VOUS DE NOUS FAIRE UNE DÉMONSTRATION ?
BIEN, PROFESSEUR.
BROCQ EST UN EXCELLENT PÉDAGOGUE ET AUPRÈS DE LUI SUZANNE APPREND BEAUCOUP.
GRÂCE À UN JET D'EAU...
...À FORTE PRESSION...
...LA DOUCHE FILIFORME PERMET DE SUPPRIMER OU D'ATTÉNUER CONSIDÉRABLEMENT LA SÉBORRHÉE ET DE CE FAIT DE RESSERRER LES PORES DILATÉS.

2 **acquérir** acheter – 3 **une douche filiforme** une douche à *jets* (Strahl) très fins–– 7 **supprimer** faire disparaître – 7**atténuer** rendre moins fort – 7 **considérablement** beaucoup – 7 **la séborrhée** *méd* Talgdrüsenüberfunktion – 7 **resserrer** enger machen – 7 **dilaté** erweitert

ELLE AIME CET HOMME FÉRU D'ART ET DE NOUVELLES TECHNIQUES, QUI LUI TÉMOIGNE UNE GRANDE CONFIANCE.
ELLE FAVORISE AUSSI LA CIRCULATION SANGUINE ET JE NE DOUTE PAS QUE NOUS POURRONS DÉVELOPPER SON USAGE DANS LE TRAITEMENT DE DIVERSES PATHOLOGIES.
TRÈS BIEN, MERCI DOCTEUR PERTAT POUR CETTE BRILLANTE DÉMONSTRATION.
LE PROFESSEUR BROCQ T'A À LA BONNE ON DIRAIT. C'EST HENRY QUI DOIT ÊTRE CONTENT...
ARRÊTE ÇA !
SI J'AI CHOISI CE SERVICE, C'EST POUR ÊTRE AVEC TOI, TU LE SAIS TRÈS BIEN.
SUZANNE...
...JE VOUDRAIS VOIR JACQUELINE.
OUI, TU LA VERRAS. MAIS CE N'EST PAS SI SIMPLE.
JE T'EN PRIE, JUSTE QUELQUES MINUTES. TU POURRAIS L'EMMENER EN PROMENADE ET JE VOUS RENCONTRERAIS.
NOUS VERRONS. JE TE PROMETS D'ESSAYER.

commentaire 1 **féru de qc** passionné de qc – **témoigner** *ici :* montrer – 1 **la circulation sanguine** la circulation du sang (Blutkreislauf) – 1 **un usage** une utilisation – 3 **avoir qn à la bonne** bien aimer qn

QUELQUES MOIS PLUS TARD...
GALERIE DURAND-RUEL.
C'EST ICI.
MON CHER, CROYEZ-MOI...
!
... L'AVENIR DE LA PEINTURE SE TROUVE EN AMÉRIQUE !
PROFESSEUR BROCQ ?
FIGUREZ-VOUS QU'ON DIT LA MÊME CHOSE POUR LA MÉDECINE.
MA CHÈRE SUZANNE, EXCUSEZ-MOI DE VOUS AVOIR DONNÉ RENDEZ-VOUS ICI, MAIS JE NE VOULAIS PAS RISQUER DE MANQUER L'ACQUISITION DE CETTE MERVEILLE.
JE COMPRENDS. TRÈS BEAU PISSARRO.
N'EST-CE PAS ? JE SOUHAITAIS VOUS VOIR CAR VOTRE ENGAGEMENT DANS MON SERVICE A ÉTÉ REMARQUABLE.
JE SAIS QUE VOUS AVEZ L'INTERNAT DEVANT VOUS, ET CE N'EST PAS UNE MINCE AFFAIRE, MAIS...
IL ME SEMBLE QUE VOUS DEVRIEZ SONGER SÉRIEUSEMENT À LA DERMATOLOGIE.
SI C'ÉTAIT LE CAS, JE SERAIS HEUREUX DE DIRIGER VOTRE THÈSE.
DEGAS.

4 **une acquisition** un achat – 5 **l'internat** *m* en études de médecine, la phase de spécialisation à partir de la 7e année – 6 **songer** penser

CETTE MACHINE DU CORPS EST FASCINANTE. JE VOUDRAIS L'EXPLORER TOUT ENTIÈRE.
QUE VOULEZ-VOUS DIRE ?
CE QUI M'INTÉRESSE, MAÎTRE, C'EST LA CHIRURGIE RÉPARATRICE.
ALLONS BON ! JE DOUTE QUE CE SOIT UNE SPÉCIALITÉ POUR LES FEMMES.
VOUS N'IMAGINEZ PAS CE QUE C'EST QUE D'OUVRIR UN CORPS. LA VUE DU SANG, LES ODEURS...
MÊME UN HOMME DE BONNE NATURE NE S'Y FAIT PAS FACILEMENT.
ÇA NE ME FAIT PAS PEUR.
TRÈS BIEN, TRÈS BIEN.
JE VAIS VOUS ADRESSER À UN COLLÈGUE. C'EST UN PIONNIER, UN NOVATEUR, IL AIME LES ESPRITS VIFS ET TÉMÉRAIRES.

1 **explorer qc** *ici :* étudier un sujet en profondeur – 1 **la chirurgie réparatrice** rekonstruktive Chirurgie – 3 **téméraire** courageux

OCTEUR MORESTIN
SEUR AGRÉGÉ D'ANATOMIE
IRURGIE RÉPARATRICE
BONJOUR MAÎTRE, JE SUIS LE DOCTEUR SUZANNE PERTAT.
JE PRÉPARE L'INTERNAT.
JE VIENS SUR LA RECOMMANDATION...
... DU PROFESSEUR BROCQ.
JOSETTE ? VOUS TOMBEZ BIEN. TROUVEZ DONC UNE BLOUSE POUR LE DOCTEUR PERTAT.
BIEN DOCTEUR.
NOUS AVONS DU TRAVAIL.

NOTRE PATIENTE EST UNE ENFANT DE TREIZE ANS, FILLE DE PETITS COMMERÇANTS.

JE L'AI DÉJÀ OPÉRÉE UNE FOIS ET IL FAUT REPRENDRE LA CICATRICE: ELLE EST ENLAIDIE, ELLE SUBIT DES BRIMADES.

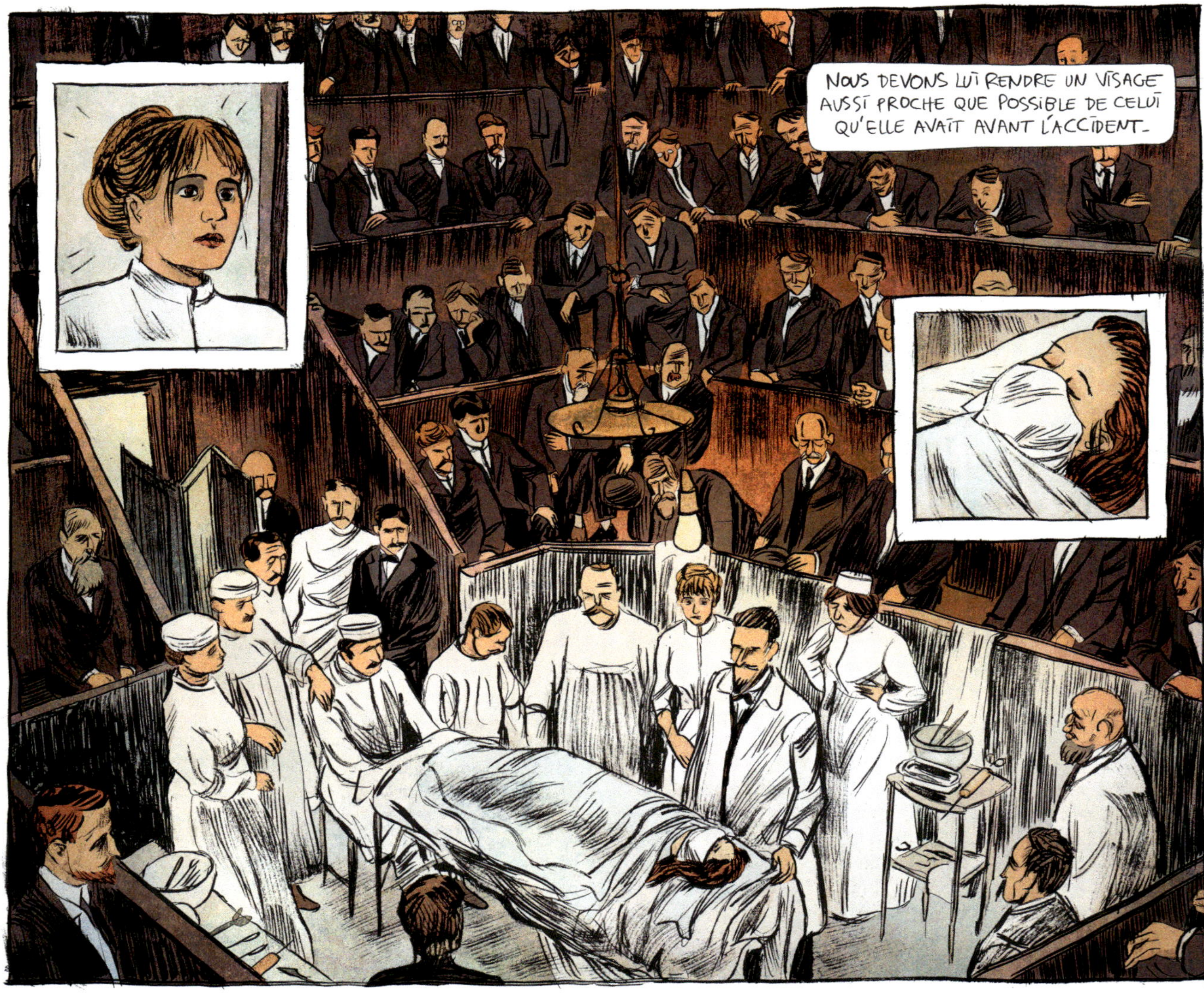
NOUS DEVONS LUI RENDRE UN VISAGE AUSSI PROCHE QUE POSSIBLE DE CELUI QU'ELLE AVAIT AVANT L'ACCIDENT.

2 **une cicatrice** Narbe – 2 **enlaidi** devenu moins beau – 2 **subir des brimades** *fpl* faire l'objet de moqueries

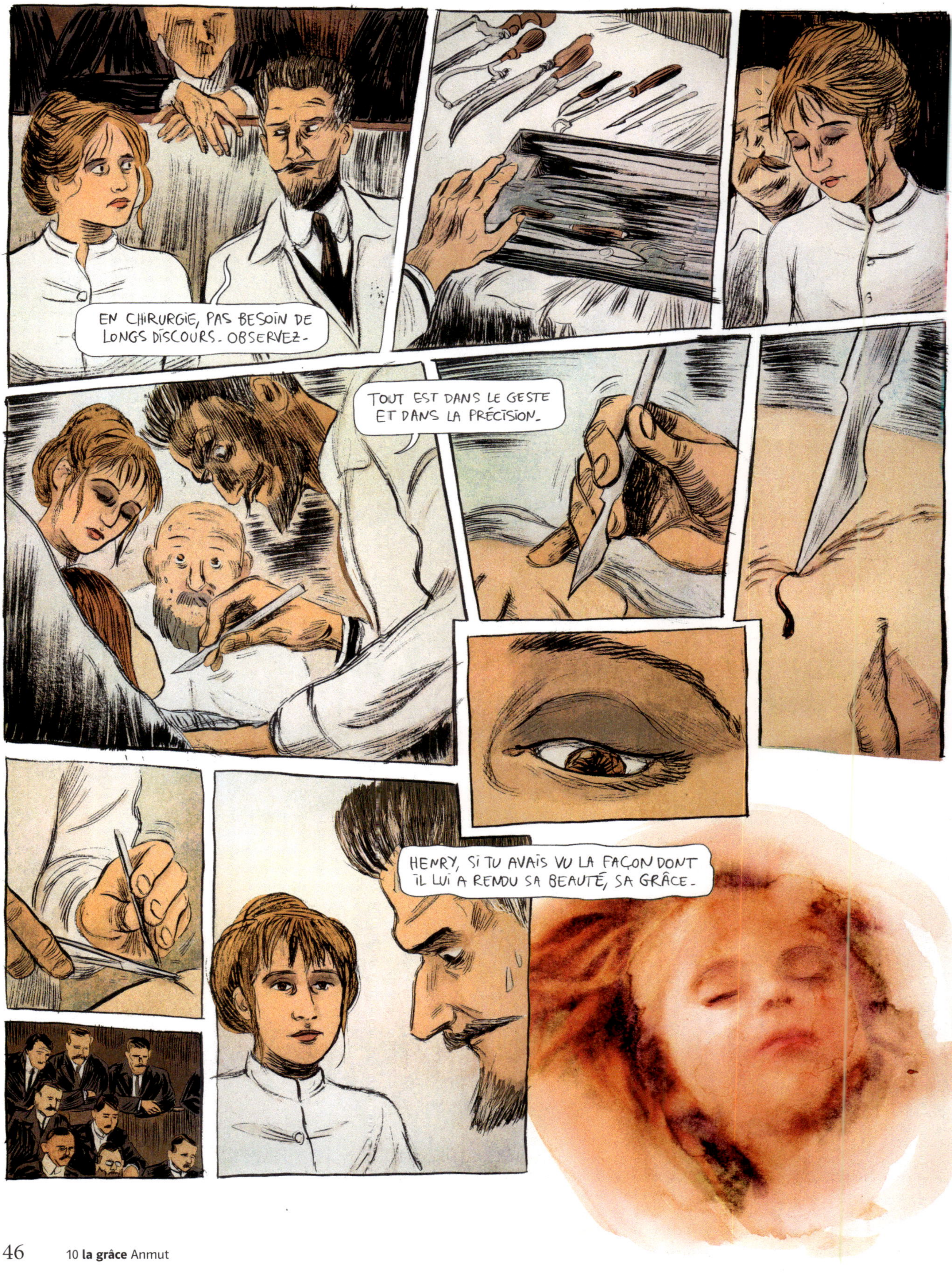
EN CHIRURGIE, PAS BESOIN DE LONGS DISCOURS. OBSERVEZ.
TOUT EST DANS LE GESTE ET DANS LA PRÉCISION.
HENRY, SI TU AVAIS VU LA FAÇON DONT IL LUI A RENDU SA BEAUTÉ, SA GRÂCE.

ON AURAIT DIT UN SCULPTEUR QUI MODELAIT UN BLOC DE GLAISE.
SANS DOUTE...
JE T'ASSURE, CELA TENAIT DU MIRACLE.
...MAIS IL ME SEMBLE QU'ON NE DEVRAIT PAS RISQUER LA VIE DES GENS POUR DES RAISONS PUREMENT ESTHÉTIQUES.
CE MORESTIN M'A TOUT L'AIR D'ÊTRE UN PEU ILLUMINÉ, TU NE CROIS PAS ?
TU NE COMPRENDS PAS. CETTE PETITE FILLE AVAIT LE VISAGE D'UN MONSTRE ET IL LUI A RENDU UNE FIGURE HUMAINE.
OUIIIIIIN
ALLONS, JACQUELINE...
OUUIIIN
JE PERSISTE À PENSER QU'IL LUI A SAUVÉ LA VIE.
MÉDECIN, ÉPOUSE, ÉTUDIANTE ET MÈRE, SUZANNE MAIGRIT ET S'ÉPUISE. SES DISPUTES AVEC HENRY SONT DE PLUS EN PLUS FRÉQUENTES ET ELLE A DU MAL À SE CONCENTRER SUR SES EXAMENS.
WAAAAA
CETTE ENFANT A BESOIN DE SA MÈRE, PAS D'UNE NOURRICE, MONSIEUR PERTAT.

1 **la glaise** Lehm – 2 **illuminé** *ici :* fou – 4 **persister** continuer – 6 **une nourrice** une femme qui garde l'enfant de qn d'autre

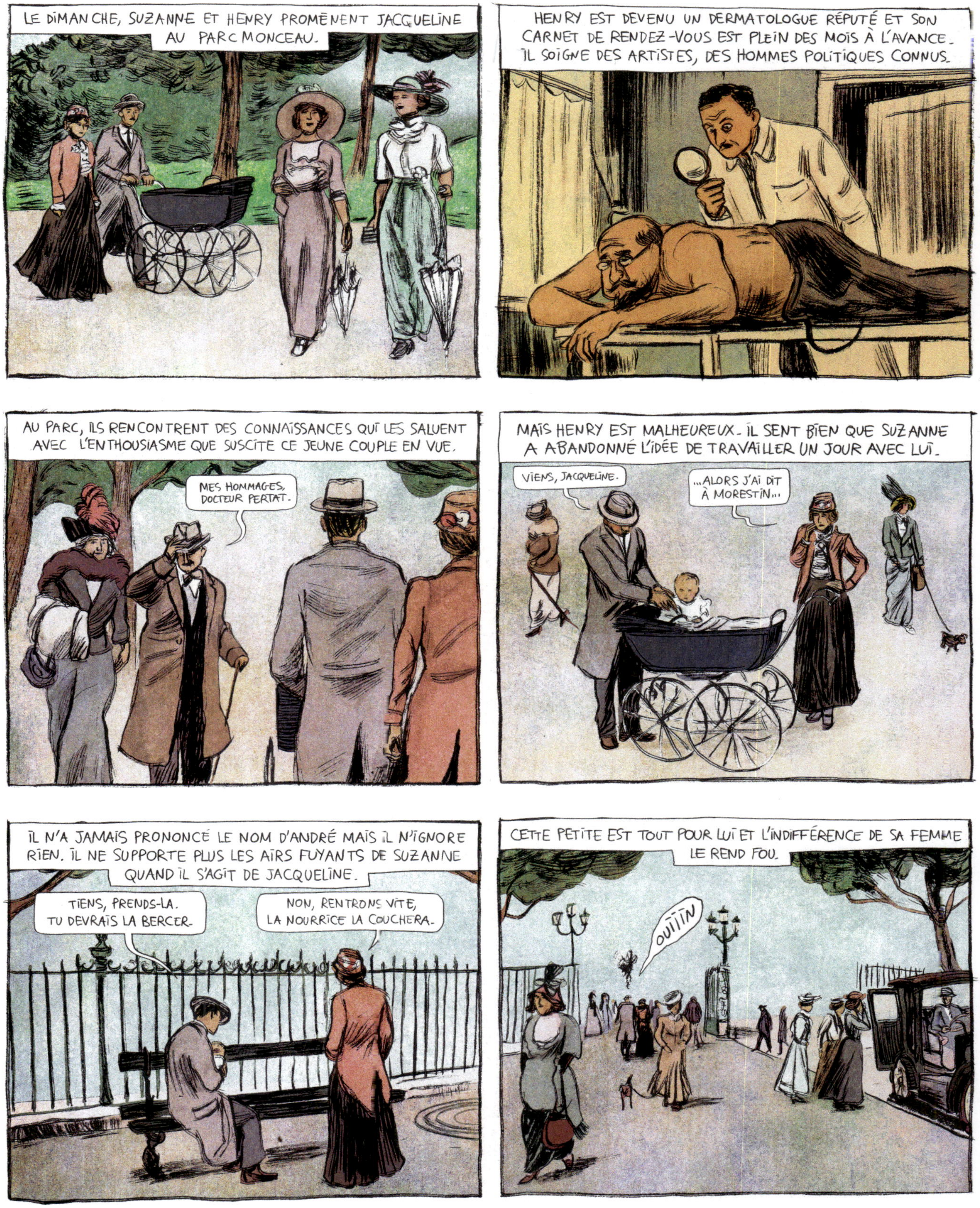
LE DIMANCHE, SUZANNE ET HENRY PROMÈNENT JACQUELINE AU PARC MONCEAU.
HENRY EST DEVENU UN DERMATOLOGUE RÉPUTÉ ET SON CARNET DE RENDEZ-VOUS EST PLEIN DES MOIS À L'AVANCE. IL SOIGNE DES ARTISTES, DES HOMMES POLITIQUES CONNUS.
AU PARC, ILS RENCONTRENT DES CONNAISSANCES QUI LES SALUENT AVEC L'ENTHOUSIASME QUE SUSCITE CE JEUNE COUPLE EN VUE.
MES HOMMAGES, DOCTEUR PERTAT.
MAIS HENRY EST MALHEUREUX. IL SENT BIEN QUE SUZANNE A ABANDONNÉ L'IDÉE DE TRAVAILLER UN JOUR AVEC LUI.
VIENS, JACQUELINE.
...ALORS J'AI DIT À MORESTIN...
IL N'A JAMAIS PRONONCÉ LE NOM D'ANDRÉ MAIS IL N'IGNORE RIEN. IL NE SUPPORTE PLUS LES AIRS FUYANTS DE SUZANNE QUAND IL S'AGIT DE JACQUELINE.
TIENS, PRENDS-LA. TU DEVRAIS LA BERCER.
NON, RENTRONS VITE, LA NOURRICE LA COUCHERA.
CETTE PETITE EST TOUT POUR LUI ET L'INDIFFÉRENCE DE SA FEMME LE REND FOU.
OUIIIN

2 **réputé** célèbre, connu – 3 **susciter qc** éveiller qc, provoquer qc – 5 **fuyant** ausweichend – 5 **bercer** wiegen – 6 **l'indifférence** *f* Gleichgültigkeit

OUPS!
BOUM!
KLANG!
OOUUIIIIIN
OUIIIIIIIN
PARDON, EXCUSE-MOI. J'ÉTAIS À LA BIBLIOTHÈQUE, JE NE VOULAIS PAS TE RÉVEILLER.
OUIIIIIN
IL NE S'AGIT PAS DE MOI, ENFIN!
LAISSE, JE VAIS Y ALLER.
NON. VA TE COUCHER.
JE M'OCCUPE DE JACQUELINE.
OUIIIIN

!!
OH NON !
OH NON !
MADAME NE DÉJEUNE PAS ?
MAIS POURQUOI NE M'AVEZ-VOUS PAS RÉVEILLÉE ?
VOUS SAVIEZ TRÈS BIEN QUE J'AVAIS UN EXAMEN AUJOURD'HUI.
SODA
ATTENDEZ, ATTENDEZ !
22 JUILLET 1881

VOUS ÊTES EN RETARD, MADEMOISELLE.
ILS N'ONT MÊME PAS COMMENCÉ !
SI VOUS ME LAISSEZ ENTRER MAINTENANT, JE POURRAI SAUVER TOUTE UNE ANNÉE D'ÉTUDES.
JE VOUS EN PRIE !
BON... VOTRE CARTE D'ÉTUDIANTE.
OH MERCI, MERCI !
ATTENDEZ UN INSTANT.
ELLE EST LÀ...
...QUELQUE PART...
ATTENDEZ, JE VOUS EN PRIE, JE VAIS LA TROUVER !
JE SUIS DÉSOLÉ, MADEMOISELLE...
J'AURAIS VOULU FAIRE QUELQUE CHOSE POUR VOUS, MAIS SANS VOTRE CARTE, C'EST IMPOSSIBLE.
JE...
NON...
SUZANNE PASSERA SES EXAMENS À LA SESSION SUIVANTE, AVEC SUCCÈS.

VOUS ÊTES DONC MADAME... ?
MULLER.
JE VIS À LYON. JE SUIS VENUE CAR J'AI ENTENDU DIRE QUE VOUS FAISIEZ DES MIRACLES.
IL Y A SIX MOIS, J'AI ÉTÉ MORDUE PAR UN CHIEN, QUI M'A ARRACHÉ UNE PARTIE DE LA JOUE.
LE MÉDECIN QUI M'A OPÉRÉE DIT QUE J'AURAIS PU MOURIR ET QUE JE DEVRAIS ÊTRE HEUREUSE D'ÊTRE TOUJOURS LÀ POUR ÉLEVER MES ENFANTS...
...MAIS ILS ONT PEUR DE MOI !
J'AI PENSÉ À METTRE FIN À MES JOURS, VOUS ÊTES MON DERNIER ESPOIR.
VOUS AVEZ EU RAISON DE VENIR ICI, MADAME. SÉCHEZ VOS LARMES, NOUS ALLONS NOUS OCCUPER DE VOUS.

2 **mordre** beißen – 2 **la joue** Backe

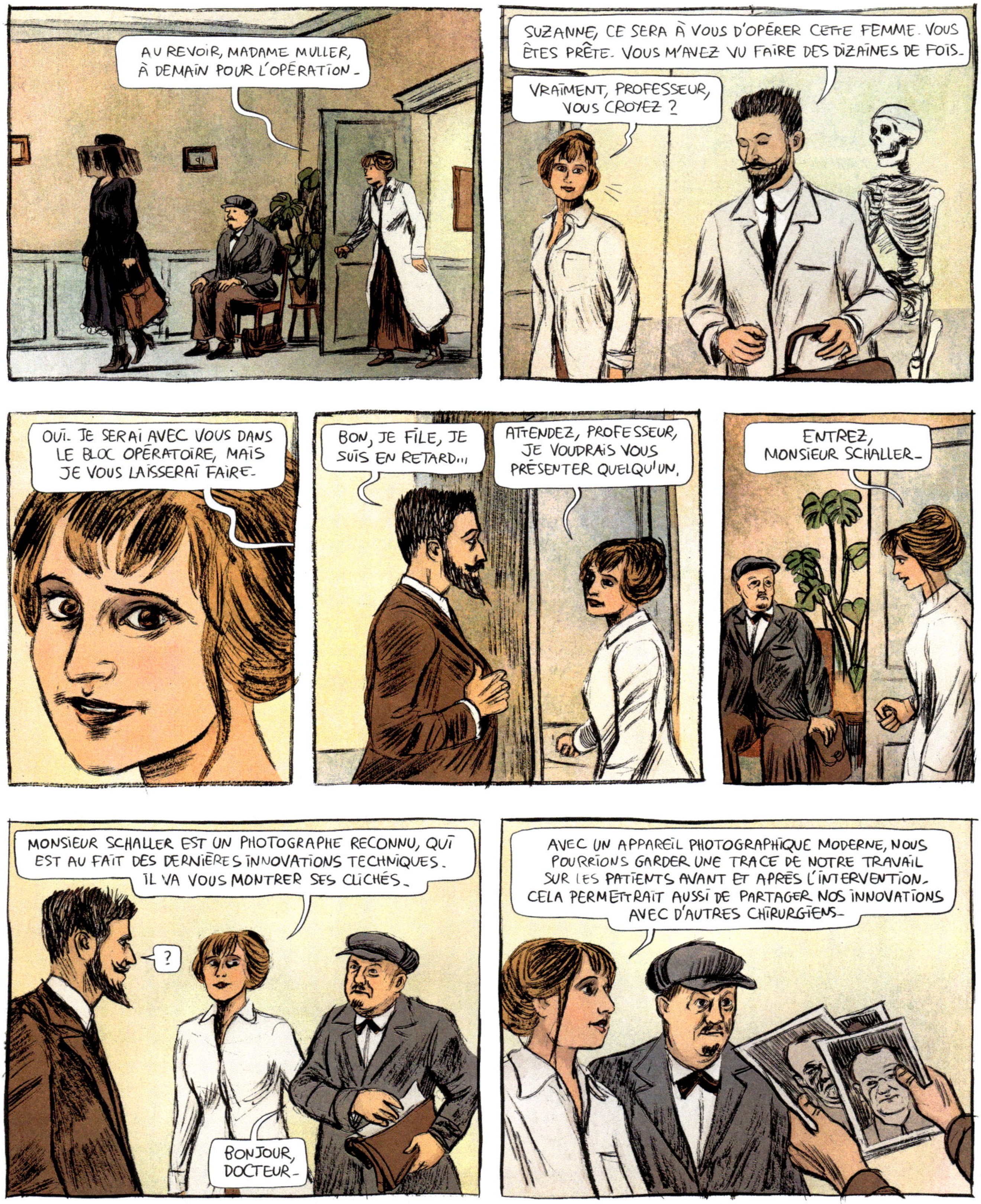
AU REVOIR, MADAME MULLER, À DEMAIN POUR L'OPÉRATION.
SUZANNE, CE SERA À VOUS D'OPÉRER CETTE FEMME. VOUS ÊTES PRÊTE. VOUS M'AVEZ VU FAIRE DES DIZAINES DE FOIS.
VRAIMENT, PROFESSEUR, VOUS CROYEZ ?
OUI. JE SERAI AVEC VOUS DANS LE BLOC OPÉRATOIRE, MAIS JE VOUS LAISSERAI FAIRE.
BON, JE FILE, JE SUIS EN RETARD...
ATTENDEZ, PROFESSEUR, JE VOUDRAIS VOUS PRÉSENTER QUELQU'UN.
ENTREZ, MONSIEUR SCHALLER.
MONSIEUR SCHALLER EST UN PHOTOGRAPHE RECONNU, QUI EST AU FAIT DES DERNIÈRES INNOVATIONS TECHNIQUES. IL VA VOUS MONTRER SES CLICHÉS.
?
BONJOUR, DOCTEUR.
AVEC UN APPAREIL PHOTOGRAPHIQUE MODERNE, NOUS POURRIONS GARDER UNE TRACE DE NOTRE TRAVAIL SUR LES PATIENTS AVANT ET APRÈS L'INTERVENTION. CELA PERMETTRAIT AUSSI DE PARTAGER NOS INNOVATIONS AVEC D'AUTRES CHIRURGIENS.

6 **être au fait** être au courant – 6 **un cliché** une photo – 7 **une trace** Spur – 7 **une intervention** Eingriff

C'EST POURQUOI J'AI PROPOSÉ À MONSIEUR SCHALLER DE TRAVAILLER POUR NOUS.
AH OUI ? ET QUI PAIERA CE MONSIEUR, DOCTEUR PERTAT ?
JE VAIS TROUVER UNE SOLUTION, J'EN FERAI PART À LA DIRECTION DE L'HÔPITAL, JE...
COMME IL VOUS PLAIRA. VOUS PARVENEZ TOUJOURS À VOS FINS, NON ?
AH OUI... PARLEZ-VOUS ANGLAIS, DOCTEUR PERTAT ?
OUI. À L'UNIVERSITÉ, UNE DE MES AMIES ÉTAIT AMÉRICAINE, J'AI QUELQUES CONNAISSANCES.
BIEN.
POURRIEZ-VOUS ÉCRIRE À UN CERTAIN DOCTEUR MILLER, UN CHIRURGIEN DE CHICAGO DONT LES TRAVAUX SONT, DIT-ON, RÉVOLUTIONNAIRES ?
IL ME SEMBLE EN AVOIR ENTENDU PARLER. IL S'EST SPÉCIALISÉ DANS L'EFFACEMENT DES RIDES ?
EXACTEMENT. SON EXPÉRIENCE POURRAIT ÊTRE PRECIEUSE. DEMANDEZ-LUI S'IL VEUT BIEN LA PARTAGER AVEC NOUS... ET J'AIMERAIS ALORS EN AVOIR UNE TRADUCTION.
TRÈS BIEN, PROFESSEUR.
VOUS PARLEZ L'ANGLAIS ? DITES DONC !
JE NE PARLE PAS UN MOT.
MAIS JE VAIS ME DÉBROUILLER.

2 **faire part de qc à qn** informer qn de qc – 2 **parvenir à ses fins** *fpl* obtenir ce qu'on veut – 4 **l'effacement** *m* le fait de cacher, de faire disparaître – 4 **une ride** Falte

"AU DOCTEUR CHARLES CONRAD MILLER, CHICAGO, ÉTATS-UNIS D'AMÉRIQUE... JE SOUHAITE ME CONSACRER À LA CHIRURGIE ESTHÉTIQUE AFIN DE CORRIGER LES ERREURS DE MÈRE NATURE ET LES CONSÉQUENCES DU PASSAGE DU TEMPS..."
I WISH TO... DEDICATED ? TO CONSACRE ?
DR Miller Cosmetic Surgery
L'ANGLAIS FACILE
TO DEVOTE !
ÇA Y EST, JACQUELINE DORT ENFIN.
MERCI MAMAN. EXCUSE-MOI DE NE PAS T'AVOIR AIDÉE, MAIS...
TU TRAVAILLES TROP MA CHÉRIE. HENRY NE RENTRE PAS ?
AH. IL A DÛ ÊTRE RETENU QUELQUE PART, JE NE SAIS PAS.
TON MARI EST MALHEUREUX MA CHÉRIE. VOUS NE POUVEZ PAS CONTINUER COMME ÇA.
MAMAN, DEMAIN J'OPÈRE MADAME MULLER, J'AI D'AUTRES CHOSES À PENSER.

1 **se consacrer à qc** sich etw widmen – 3 **être retenu** aufgehalten werden

ALLEZ...
MA PREMIÈRE OPÉRATION.
À NOUS DEUX, MADAME MULLER.
C'EST BON, MESSIEURS.
ON REMBALLE LE MATÉRIEL.
ALORS ?
ÇA S'EST BIEN PASSÉ, MAMAN.
MAINTENANT, IL FAUT ATTENDRE.

5 **remballer** ranger

MERCI ENCORE, DOCTEUR. QUEL BONHEUR D'AVOIR RETROUVÉ FIGURE HUMAINE.
BON RETOUR, MADAME MULLER.

AU DÉBUT DE L'ANNÉE 1911, SUZANNE ET HENRY DÉCIDENT DE SE SÉPARER.

EH BIEN VOILÀ, NOUS Y ALLONS.
JE CROIS QUE C'EST POUR LE MIEUX.
ET PUIS...
SOIS SAGE AVEC TA MÈRE, TU VEUX BIEN ?
JE VIENDRAI TE VOIR ET PUIS JE T'EMMÈNERAI AU MANÈGE, NOUS MANGERONS UNE GLACE.
CE SERA GENTIL, N'EST-CE PAS ?
BLAM !

4 **sage** gentil, obéissant

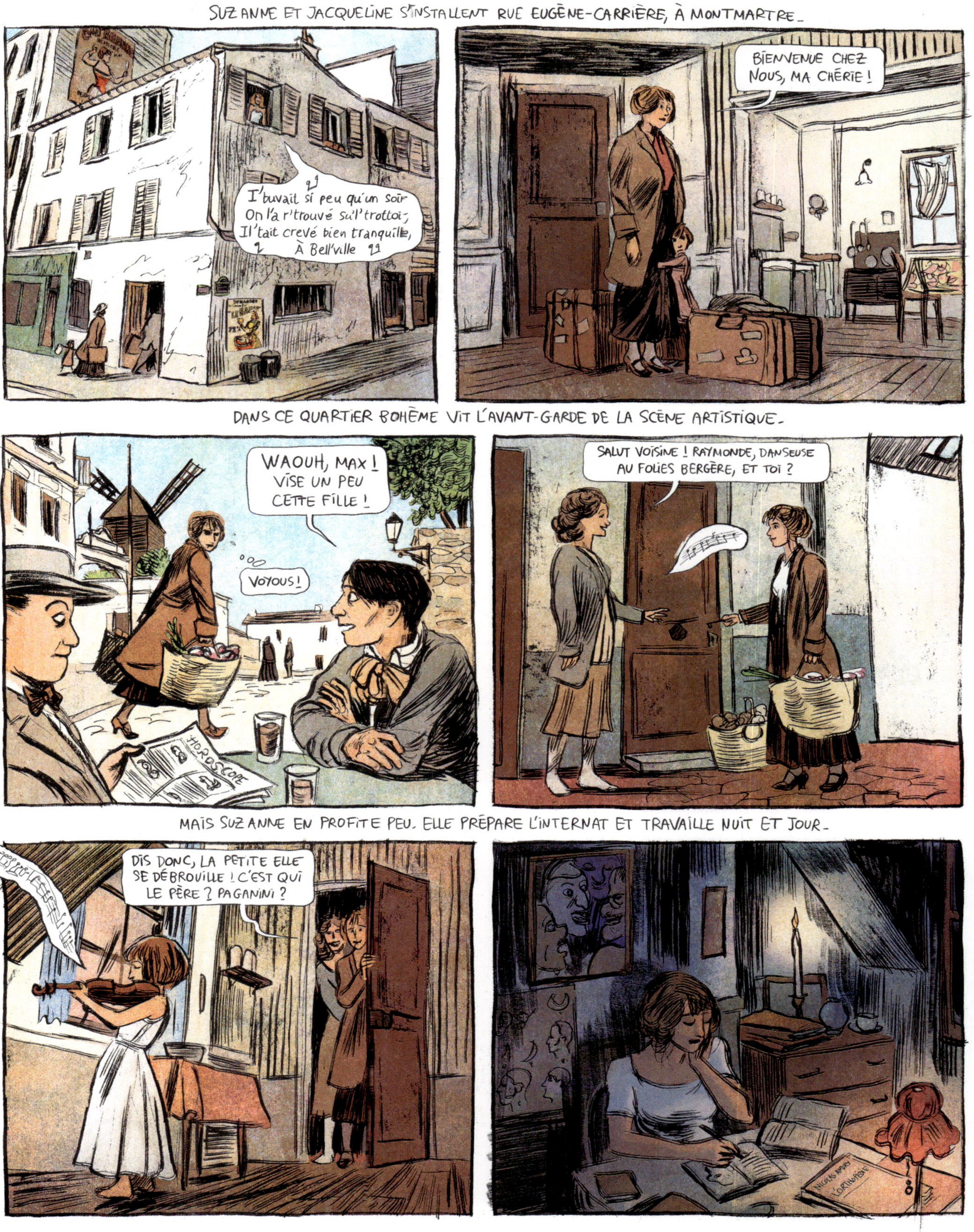
SUZANNE ET JACQUELINE S'INSTALLENT RUE EUGÈNE-CARRIÈRE, À MONTMARTRE.
I' buvait si peu qu'un soir On l'a r'trouvé su'l' trottoir, Il'tait crevé bien tranquille, À Bell'ville
BIENVENUE CHEZ NOUS, MA CHÉRIE !
DANS CE QUARTIER BOHÈME VIT L'AVANT-GARDE DE LA SCÈNE ARTISTIQUE.
WAOUH, MAX ! VISE UN PEU CETTE FILLE !
VOYOUS !
HOROSCOPE
SALUT VOISINE ! RAYMONDE, DANSEUSE AU FOLIES BERGÈRE, ET TOI ?
MAIS SUZANNE EN PROFITE PEU. ELLE PRÉPARE L'INTERNAT ET TRAVAILLE NUIT ET JOUR.
DIS DONC, LA PETITE ELLE SE DÉBROUILLE ! C'EST QUI LE PÈRE ? PAGANINI ?

1 **crever** *fam* mourir – commentaire – 2 **bohème** qui se réfère à un style de vie artistique, alternatif, avec peu d'argent – 3 **un voyou** Gauner – 4 **les Folies Bergère** une salle de spectacles à Paris

QUELQUES SEMAINES PLUS TARD...

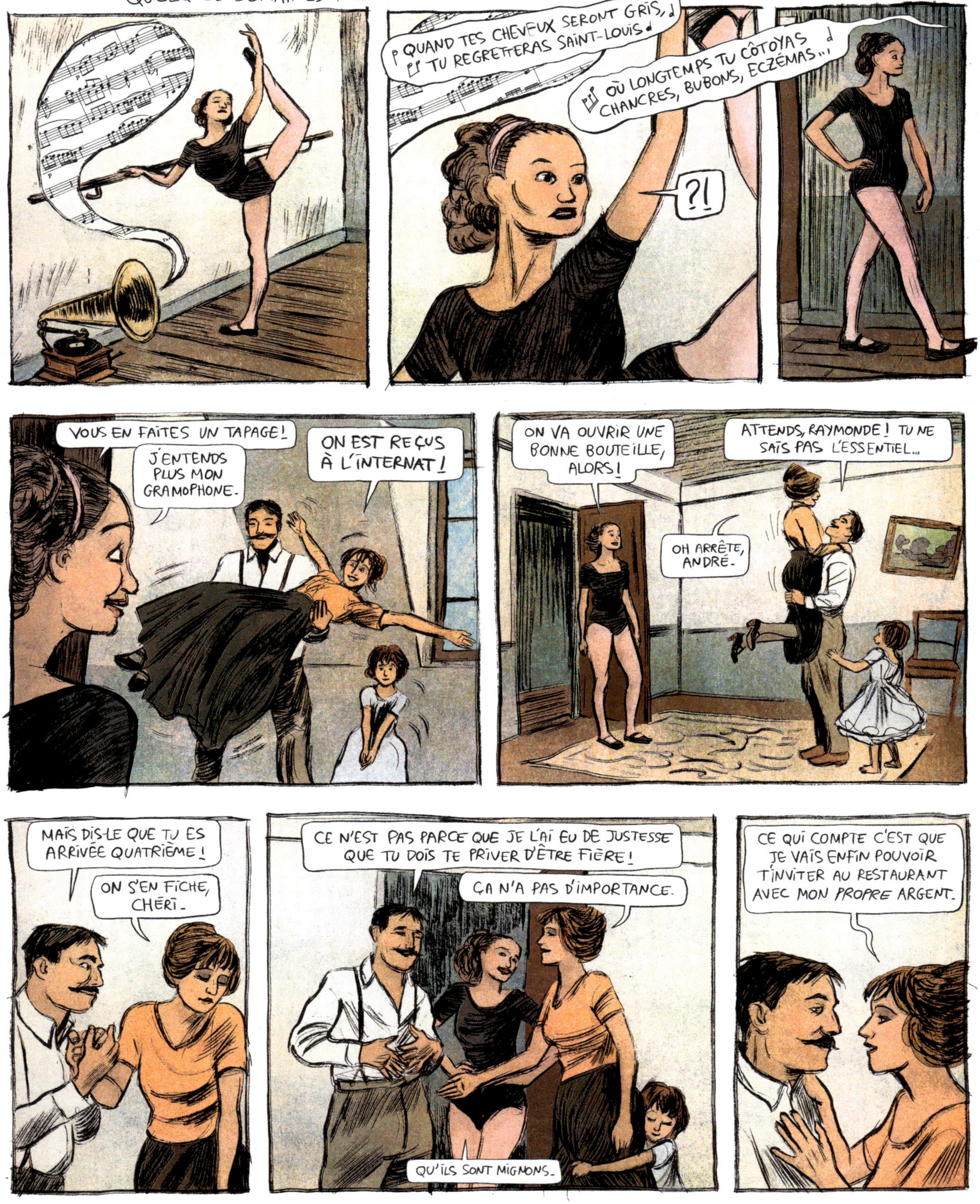

QUAND TES CHEVEUX SERONT GRIS, TU REGRETTERAS SAINT-LOUIS
OÙ LONGTEMPS TU CÔTOYAS CHANCRES, BUBONS, ECZÉMAS...
?!
VOUS EN FAITES UN TAPAGE!
J'ENTENDS PLUS MON GRAMOPHONE.
ON EST REÇUS À L'INTERNAT!
ON VA OUVRIR UNE BONNE BOUTEILLE, ALORS!
ATTENDS, RAYMONDE! TU NE SAIS PAS L'ESSENTIEL...
OH ARRÊTE, ANDRÉ.
MAIS DIS-LE QUE TU ES ARRIVÉE QUATRIÈME!
ON S'EN FICHE, CHÉRI.
CE N'EST PAS PARCE QUE JE L'AI EU DE JUSTESSE QUE TU DOIS TE PRIVER D'ÊTRE FIÈRE!
ÇA N'A PAS D'IMPORTANCE.
QU'ILS SONT MIGNONS.
CE QUI COMPTE C'EST QUE JE VAIS ENFIN POUVOIR T'INVITER AU RESTAURANT AVEC MON *PROPRE* ARGENT.

2 **côtoyer qn** fréquenter qn – 2 **un chancre** *méd* Geschwür – 2 **un bubon** *méd* Lymphknotenschwellung – 4 **le tapage** le bruit – 4 **être reçu** *ici :* être pris, avoir réussi – 6 **on s'en fiche** ça n'a pas d'importance *f* – 7 **avoir un examen de justesse** ein Examen ganz knapp bestehen

BONJOUR PIERRE!
QU'EST-CE QUE CE SERA AUJOURD'HUI, MA PETITE SUZANNE?
UN THÉ.
!?
Le Petit Journal
SARAH BERNHARDT...
...OPÉRÉE...
DERNIÈRES NOUVELLES
AU COURS D'UNE TOURNÉE TRIOMPHALE AUX ETATS UNIS D'AMÉRIQUE, notre grande comédienne Sarah Bernhardt A ÉTÉ OPÉRÉE PAR LE DOCTEUR CONRAD MILLER QUI LUI A RENDU SA JEUNESSE !
Les Fêtes de Besançon
"...RENDU SA JEUNESSE"!
MADEMOISELLE SUZANNE!
VOTRE THÉ!?

5 **Sarah Bernhardt** (1844–1923) une des plus importantes actrices françaises du XIXe et du début du XXe siècle

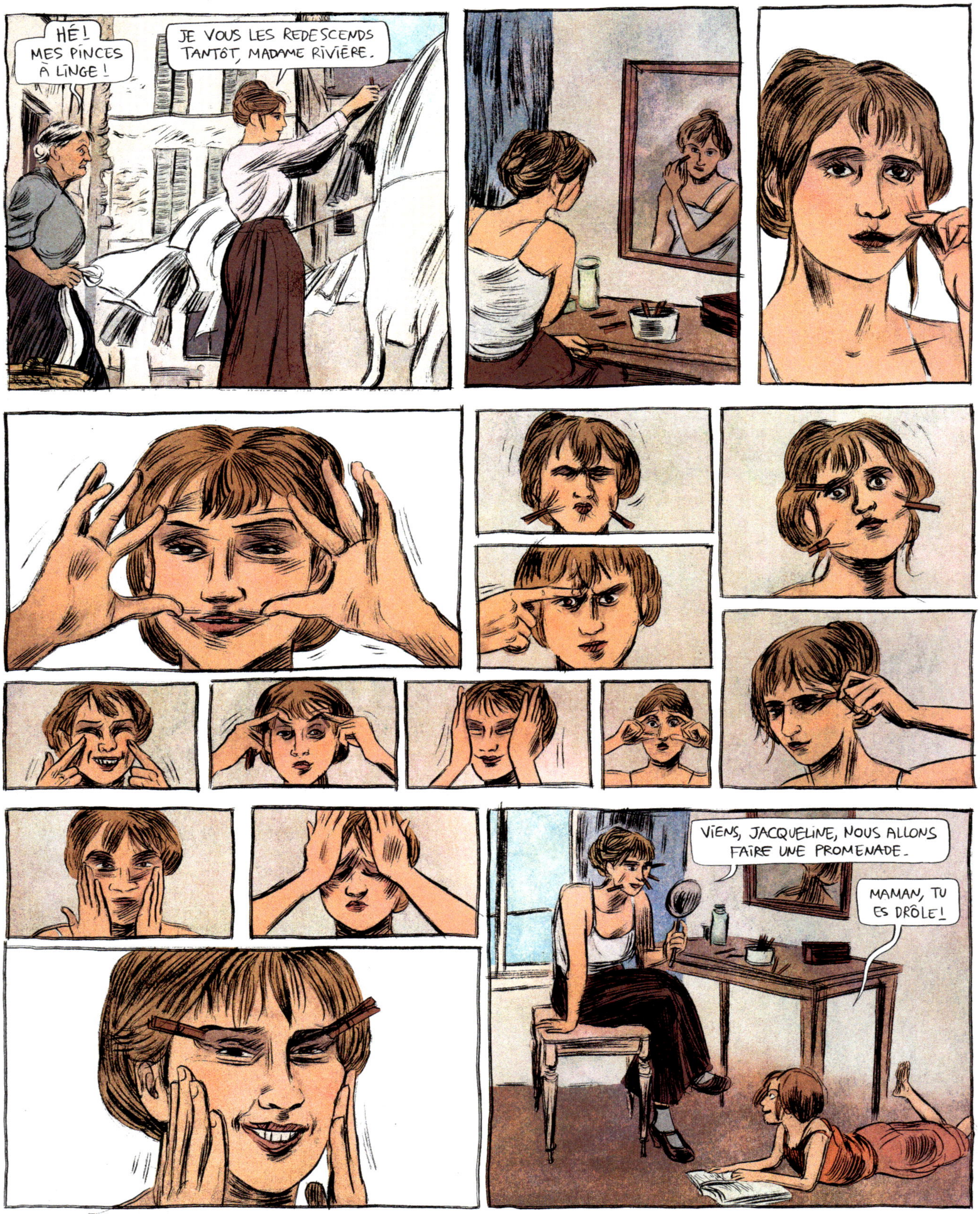
HÉ! MES PINCES À LINGE!
JE VOUS LES REDESCENDS TANTÔT, MADAME RIVIÈRE.
VIENS, JACQUELINE, NOUS ALLONS FAIRE UNE PROMENADE.
MAMAN, TU ES DRÔLE!

1 **une pince à linge** Wäscheklammer – 1 **tantôt** plus tard

ET OÙ VA-T-ON, MAMAN ?
AUX HALLES !
AH, VOICI CE QU'IL NOUS FAUT.
?
LES LAPINS, COMBIEN VOUS EN VOULEZ ?
SIX SOUS LA PIÈCE.
OH MAMAN, REGARDE COMME ILS SONT MIGNONS.
ENLÈVE TES DOIGTS SI TU VEUX PAS TE FAIRE MORDRE !
J'EN PRENDRAI TROIS, ALORS.
C'EST POUR LA PETITE ?
ELLE VA FAIRE JOUJOU AVEC CES PAUVRES BÊTES.
SI C'EST PAS DU GÂCHIS.

1 **les Halles** Pariser Markthallen – 6 **le gâchis** Vergeudung

?!
MAIS... QU'EST-CE QUE... ?
?
UN TÉLÉGRAMME POUR VOUS, MADAME PERTAT.
IL FAUDRA ME RAMASSER ÇA, MADAME PERTAT. CE N'EST PAS UNE MÉNAGERIE ICI ET VOS LAPINS ONT CHIÉ PARTOUT DANS LE COULOIR.
OH, MERCI MADAME RIVIÈRE !
QUELLE BONNE NOUVELLE !
MERCI, MERCI.
!!

5 **une ménagerie** un endroit où on présente des animaux exotiques – 5 **chier** *vulg* faire caca

BONJOUR, JE SUIS LE DOCTEUR PERTAT.
MADEMOISELLE BERNHARDT M'A ENVOYÉ UN TÉLÉGRAMME.
JE SUIS VENUE AUSSI VITE QUE J'AI PU.
ASSEYEZ-VOUS. JE VAIS VOIR SI MADEMOISELLE PEUT VOUS RECEVOIR.
"LA DAME AUX CAMÉLIAS".
DOCTEUR PERTAT ?
!
EH BIEN, JE NE VOUS ATTENDAIS PAS SI VITE !
VOUS ÊTES BIEN JEUNE POUR UN DOCTEUR.
PAUL, FAITES SERVIR LE THÉ, JE VOUS PRIE.

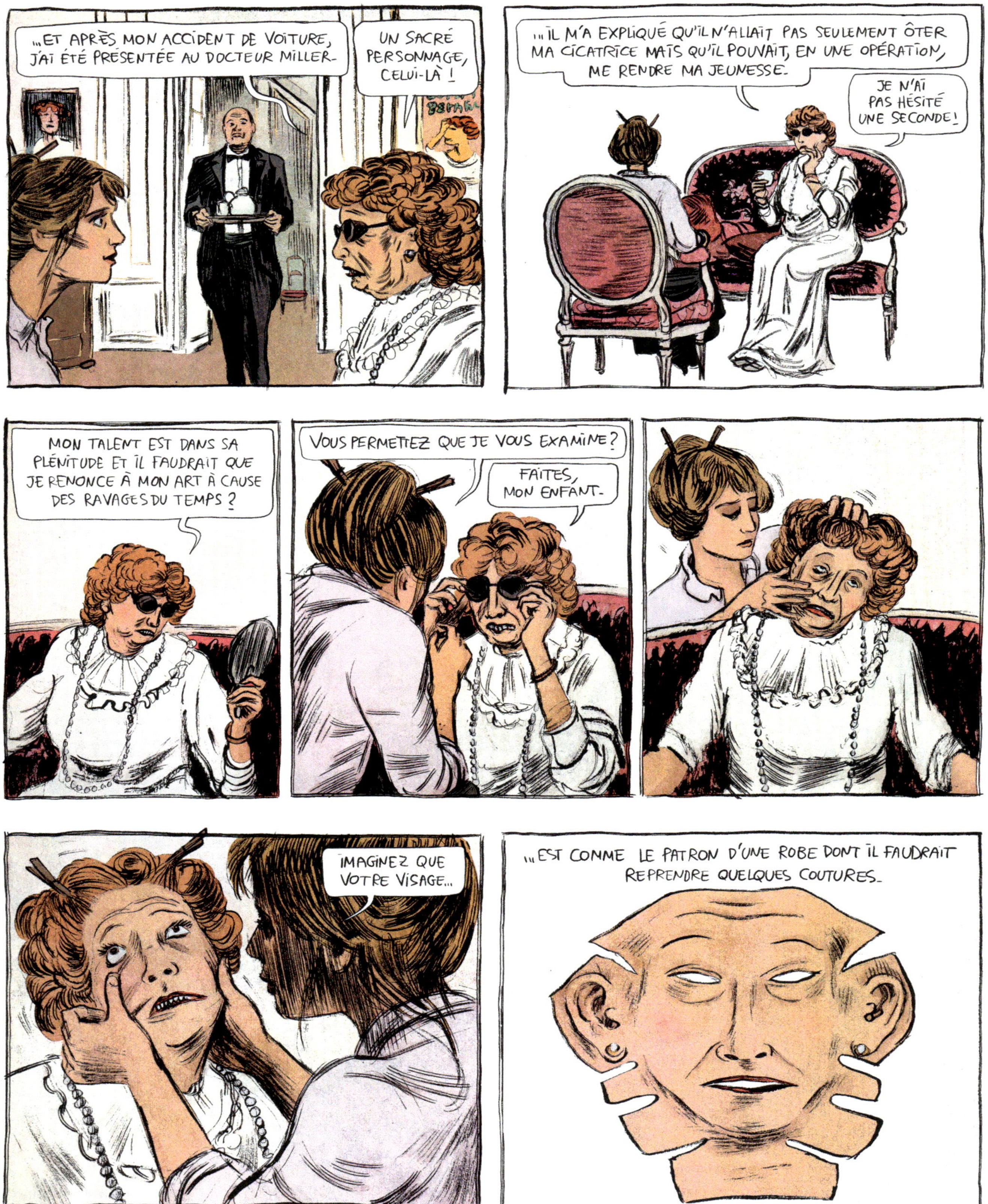
...ET APRÈS MON ACCIDENT DE VOITURE, J'AI ÉTÉ PRÉSENTÉE AU DOCTEUR MILLER.
UN SACRÉ PERSONNAGE, CELUI-LÀ !
...IL M'A EXPLIQUÉ QU'IL N'ALLAIT PAS SEULEMENT ÔTER MA CICATRICE MAIS QU'IL POUVAIT, EN UNE OPÉRATION, ME RENDRE MA JEUNESSE.
JE N'AI PAS HÉSITÉ UNE SECONDE !
MON TALENT EST DANS SA PLÉNITUDE ET IL FAUDRAIT QUE JE RENONCE À MON ART À CAUSE DES RAVAGES DU TEMPS ?
VOUS PERMETTEZ QUE JE VOUS EXAMINE ?
FAITES, MON ENFANT.
IMAGINEZ QUE VOTRE VISAGE...
...EST COMME LE PATRON D'UNE ROBE DONT IL FAUDRAIT REPRENDRE QUELQUES COUTURES.

1 **un sacré personnage !** quel personnage ! – 2 **ôter** enlever, faire disparaître – 3 **la plénitude** tiefes Wohlgefühl – 3 **les ravages** *mpl* **du temps** der Zahn der Zeit – 7 **un patron** *ici :* Muster – 7 **reprendre** *ici :* corriger, améliorer

JE CONNAIS LES MÉTHODES DU DOCTEUR MILLER.
IL A PRÉLEVÉ DANS LE CUIR CHEVELU UNE SIMPLE BANDE ALLANT D'UNE OREILLE À L'AUTRE.
JE DOIS RECONNAÎTRE QUE LE RÉSULTAT EST ASSEZ EFFICACE POUR LE HAUT DU VISAGE.
IL A PERMIS D'ATTÉNUER LES RIDES DU FRONT ET D'EFFACER EN PARTIE LES PATTES-D'OIE. MAIS LE BAS DU VISAGE N'A EN RIEN ÉTÉ MODIFIÉ.
TENEZ, VENEZ VOIR...
EN ALLEMAGNE, DES CHIRURGIENS PRATIQUENT CETTE MÉTHODE DE LISSAGE QUI CONSISTE À RAMENER LA PEAU DERRIÈRE L'OREILLE ET À DISSIMULER LA CICATRICE DANS LE CUIR CHEVELU.
EN TIRANT COMME ÇA, VOUS POURRIEZ RETROUVER L'OVALE DE VOTRE VISAGE ET UN COU AUSSI LISSE QU'UNE FEMME DE VINGT ANS.
C'EST UNE OPÉRATION QUE VOUS PRATIQUEZ SOUVENT ?
PAS VRAIMENT. MAIS JE TRAVAILLE SUR DES CAS BIEN PLUS DIFFICILES, VOUS SAVEZ.
TRÈS BIEN, DOCTEUR PERTAT. TENTONS !

1 **prélever** entnehmen – 1 **le cuir chevelu** Kopfhaut – 3 **une patte d'oie** *ici :* Lachfältchen – 4 **le lissage** Glätten 4 – **dissimuler** cacher – 4 **lisse** glatt

QUELQUES MOIS PLUS TARD, DANS UN THÉÂTRE PARISIEN.
"Par cette fin terrible, et due à ses forfaits, Apprenez, roi des Juifs, et n'oubliez jamais Que les rois dans le ciel ont un juge sévère L'innocence un vengeur, et l'orphelin un père."
ATHALIE
BRAVO!
BIS
QUEL TRIOMPHE, CHÈRE SARAH. TOUTE LA PRESSE VOUS ATTEND.
BRAVO
SARAH!
MADEMOISELLE BERNHARDT, QUEL EST VOTRE SECRET?
AVEZ-VOUS BU À LA FONTAINE DE JOUVENCE?
JE NE ME LÈVE JAMAIS AVANT TREIZE HEURES, C'EST TOUT!
MAINTENANT VEUILLEZ M'EXCUSER...
JE FILE!
MADEMOISELLE BERNHARDT...!
ALLONS, LAISSEZ-LA!
DOCTEUR PERTAT, JE VOUS PRÉDIS UN GRAND AVENIR.

1 **être dû/due à qc** qui s'explique par qc, qui vient de qc – 1 **un forfait** un crime – 4 **la fontaine de Jouvence** Jungbrunnen – 6 **filer** partir – 6 **prédire qc** etw voraussagen

INTERESSANT
UTILE
5 CENTIMES
NOMBREUSES ILLUSTRATIONS
RVICE DIRECT AVEC NEW YORK
LE MIEUX INFORMÉ
PATRON, J'AI UN SCOOP !
?
?
SARAH BERNHARDT A RAJEUNI DE VINGT ANS ! ET ELLE PRÉTEND QUE C'EST EN BUVANT DE LA CAMOMILLE !
LAISSE TOMBER, J.-B.
J'AI DES PHOTOS ! ÇA VA PARTIR EN UNE !
LAISSE TOMBER, ON TE DIT, LA UNE DE DEMAIN, ELLE EST PRÊTE. LA VOICI :
31e Année. – N° 11116
Le Matin
Mardi 4 Août 1914
Stéphane LAUZANNE, Rédacteur en chef
Jules MADELINE, Président
L'Allemagne déclare la guerre à la France
La guerre sainte de la civilisation contre la barbarie
L'ambassadeur d'Allemagne a demandé ses passeports à 5 h. 45 et a quitté Paris à 10 h. 10 du soir
L'AMBASSADEUR DE FRANCE QUITTERA BERLIN AUJOURD'HUI
LA CONVERSATION DE M. VIVIANI AVEC M. DE SCHOEN
LE DÉPART
Les premiers actes d'hostilité
LA JOURNÉE DIPLOMATIQUE
Ultimatum de l'Allemagne à la Belgique
MOBILISATION DE L'ARMÉE ET DE LA FLOTTE ANGLAISES
!?

1 **un scoop** *fam* Sensationsmeldung – 3 **rajeunir** devenir plus jeune – 3 **prétendre** affirmer (behaupten) – 3 **la camomille** Kamille – 4 **la une** Schlagzeile

ANDRÉ NOËL !
PRÉSENT !
UNE LETTRE POUR TOI, CHANCEUX !

"MON ANDRÉ CHÉRI..."
"... LES ALLEMANDS ONT ENVAHI LAON ET MAMAN EST AVEC MOI À PARIS. NOUS NOUS RÉCONFORTONS TOUTES LES TROIS, ET JACQUELINE EST PLUS JOYEUSE ET VIVE QUE JAMAIS_ ELLE TE RÉCLAME SOUVENT."

se réconforter sich trösten – **réclamer qn** vouloir voi- qn

« J'AI PEUR DE NE BIENTÔT PLUS AVOIR DE QUOI NOUS NOURRIR OU NOUS CHAUFFER. HENRY A DÉCIDÉ DE S'ENGAGER ET IL EST AUJOURD'HUI EN BELGIQUE. IL S'EST PORTÉ VOLONTAIRE POUR DES ESSAIS SUR LE GAZ MOUTARDE. »
UN BLESSÉ À CINQUANTE MÈTRES !

le gaz moutarde une arme chimique (un gaz avec une odeur de *moutarde* (Senf) qui provoque de graves *brûlures* (Verbrennung)) utilisée pendant la Première guerre mondiale par les Allemands

"MORESTIN M'A FAIT DEMANDER. DÉSORMAIS, TOUS LES INTERNES PEUVENT EXERCER, MÊME S'ILS N'ONT PAS TERMINÉ LEUR THÈSE. POUR UNE FOIS, ON SE FICHE QUE JE SOIS UNE FEMME, TANT QUE JE PEUX SOIGNER."
"AU VAL-DE-GRÂCE, LES BLESSÉS DE LA FACE ARRIVENT, DE PLUS EN PLUS NOMBREUX. ON LES ISOLE DES AUTRES PATIENTS À CAUSE DE LA TERREUR QU'ILS SUSCITENT ET DE L'ODEUR PESTILENTIELLE QUI SE DÉGAGE DE LEURS BLESSURES."
"LES MAUVAISES LANGUES NOUS APPELLENT LE SERVICE DES BAVEUX, À CAUSE DES BLESSURES SPECTACULAIRES QUI EMPORTENT LES MÂCHOIRES."

1 **désormais** à partir de maintenant – 1 **exercer** travailler 1 **tant que** solange – 3 **le Val-de-Grâce** un hôpital militaire de Paris – 3 **une odeur pestilentielle** une très mauvaise odeur – 3 **une mauvaise langue** qn qui dit des choses méchantes – 3 **un baveux** qn dont la *bave* (Speichel) coule de la bouche – 3 **emporter** *ici :* détruire, faire disparaître – 3 **une mâchoire** Kiefer

"DANS CETTE SALLE IMMENSE OÙ ILS SONT ENFERMÉS, RÉSONNENT LEURS HURLEMENTS DE DOULEUR ET DE DÉSESPOIR. ON Y A CACHÉ LES MIROIRS ET ON CRAINT LES SUICIDES."
"MORESTIN N'EN DORT PLUS, IL TRAVAILLE JOUR ET NUIT À DE NOUVELLES TECHNIQUES DE GREFFE. IL VEUT LEUR RENDRE UNE APPARENCE HUMAINE."
"TU DISAIS QUE C'ÉTAIT UN VIEUX FOU. OH, CHER ANDRÉ, TU AVAIS PEUT-ÊTRE RAISON. REVIENS-NOUS VITE."

1 **résonner** *ici :* se faire entendre – 1 **un °hurlement** un cri – 1 **le désespoir** Verzweiflung – 2 **une greffe** Transplantation

LE COEUR A LÂCHÉ.
LA GREFFE N'A PAS PRIS ET NOUS NE POUVIONS PAS VENIR À BOUT DE L'INFECTION.
DÈS DEMAIN, CONSTITUONS UNE ÉQUIPE. IL NOUS FAUT UN DENTISTE...
...ET UN NEURO-CHIRURGIEN !
...ET UN STOMATOLOGUE...
...UN ANESTHÉSISTE.

2 **lâcher** *ici :* versagen – 3 **la greffe a pris** die Transplantation ist gelungen – 4 **un stomatologue** un docteur spécialisé dans les soins de la face et de la bouche

TROP TARD !
NOUS N'Y ARRIVERONS PAS SI NOUS CONTINUONS AINSI.
LE VISAGE EST UNE MACHINERIE D'UNE INCROYABLE COMPLEXITÉ.
CHAQUE GESTE DOIT ÊTRE MÛREMENT RÉFLÉCHI.
À DEMAIN, DOCTEUR PERTAT.

REGARDE JACQUELINE, VOICI LE PORTRAIT D'UN ROI... UNIQUEMENT AVEC DES FRUITS ET LÉGUMES !
SUZANNE... ELLE EST TROP PETITE !
TU PEUX ME DIRE LE NOM DU PEINTRE ?
JACQUELINE, TU M'ÉCOUTES ?
OH !
C'EST PARCE QU'ILS SE SONT BATTUS POUR NOUS QU'ILS ONT CETTE APPARENCE.
REGARDE. REGARDE-LES ET MAINTENANT, IMAGINE LEURS VISAGES.
HENRY, RÉVEILLE-TOI, BON SANG !

SNAP!
!?
HHHHHHAH
LE MASQUE D'HENRY S'EST DÉTACHÉ!
SORS-LE, VITE!
¿?
NE FAIS PAS ÇA!
EST-CE QUE TU MESURES LA PEINE QUE TU LEUR CAUSES?
MAMIE, MOI QUAND JE SERAI GRANDE, JE FERAI COMME MAMAN...
AH, ENCORE UNE MÉDECIN DANS LA FAMILLE!
POUR CELA, IL FAUT BIEN TRAVAILLER À L'ÉCOLE, TU SAIS ?
NON, JE NE VEUX PAS ÊTRE DOCTEUR!
JE VEUX ÊTRE COMME MAMAN...
JE VEUX ÊTRE UNE ARTISTE!

5 **la peine** Kummer, Leid – 5 **causer** provoquer

SCHALLER, VOUS ÊTES PRÊT ?
OUI, DOCTEUR.
“MONTREZ DE LA TÉMÉRITÉ.”
ALORS ?
AUJOURD'HUI MONSIEUR LANIER A RÉUSSI À MASTIQUER SES ALIMENTS ET À DÉGLUTIR SANS FAUSSE ROUTE.
FAITES VOIR VOS PHOTOS ?

4 **la témérité** le courage – 6 **mastiquer** kauen – 6 **déglutir** schlucken – 6 **sans fausse route** comme il faut

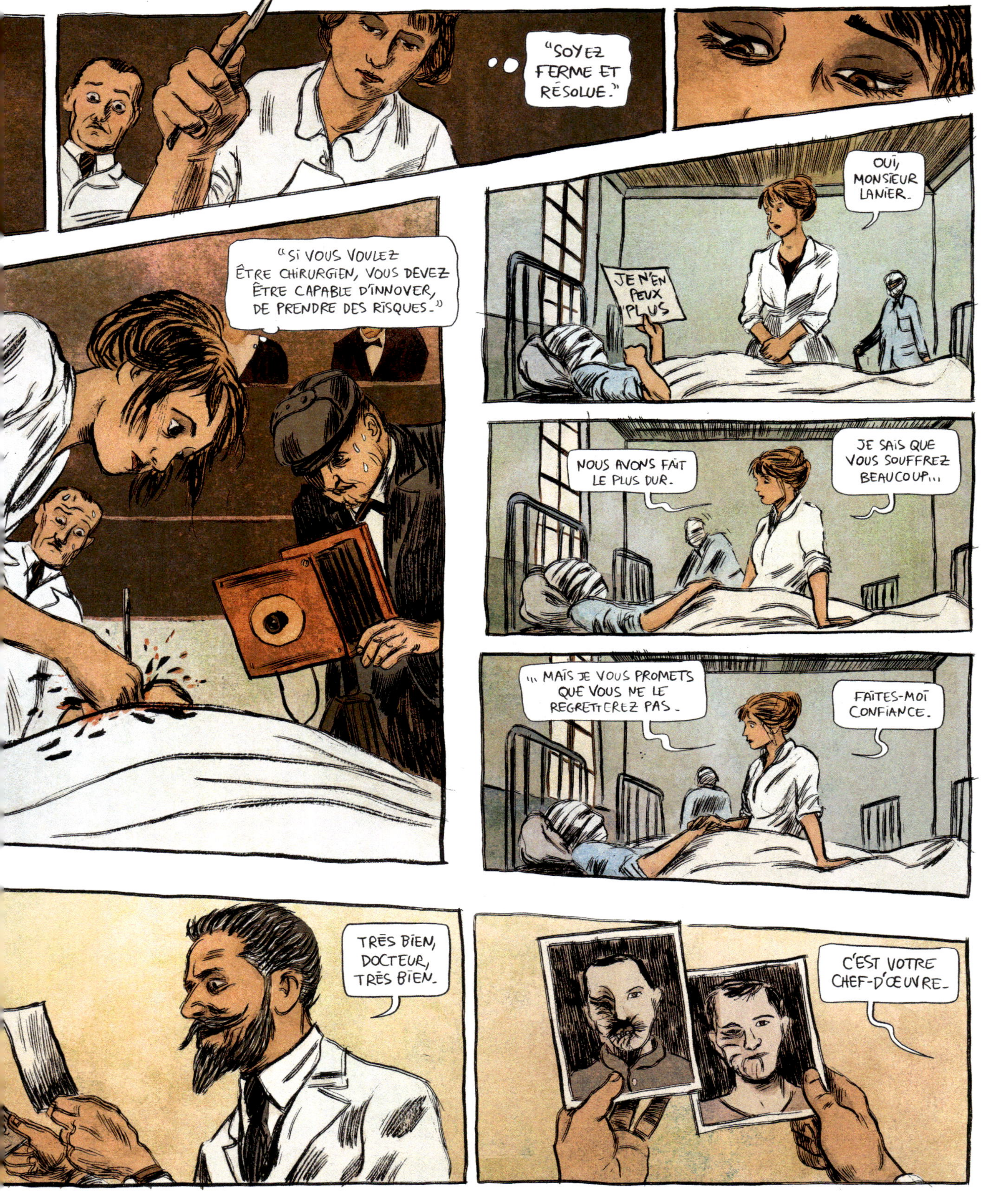
"SOYEZ FERME ET RÉSOLUE."
OUI, MONSIEUR LANIER.
JE N'EN PEUX PLUS
"SI VOUS VOULEZ ÊTRE CHIRURGIEN, VOUS DEVEZ ÊTRE CAPABLE D'INNOVER, DE PRENDRE DES RISQUES."
NOUS AVONS FAIT LE PLUS DUR.
JE SAIS QUE VOUS SOUFFREZ BEAUCOUP...
... MAIS JE VOUS PROMETS QUE VOUS NE LE REGRETTEREZ PAS.
FAITES-MOI CONFIANCE.
TRÈS BIEN, DOCTEUR, TRÈS BIEN.
C'EST VOTRE CHEF-D'ŒUVRE.

1 **ferme** standhaft – 1 **résolu** décidé – 8 **un chef-d'œuvre** Meisterwerk

Le Petit Journal

Bureaux : rue Richelieu, 112 | Abonnements Paris TROIS MOIS ... 5 FR. | UN NUMÉRO : 5 CENTIMES | Abonnements Départs TROIS MOIS ... 6 FR. | **Le 13 mars 1917**

Le professeur Morestin a présenté sa leçon à l'Académie de médecine de Paris. Devant une salle comble et accompagné de soixante « gueules cassées », M. Morestin a parlé des méthodes qu'il emploie journellement dans son service.

COMME VOUS POUVEZ LE VOIR ICI, L'ÉCLAT D'OBUS A TRAVERSÉ LA JOUE ET FRACTURÉ LE MAXILLAIRE INFÉRIEUR.

Avançant vers un autre patient, il continue : « Ici, le projectile a pénétré au niveau de l'angle de la mâchoire, il a perforé la voûte palatine, effondré le sinus maxillaire et s'est logé dans la fosse zygomatique… »

C'EST ALORS QUE J'APPLIQUE LES "AUTOPLASTIES PAR JEU DE PATIENCE".

Et le professeur Morestin de préciser : « Il ne s'agit pas de larges autoplasties à l'aide de tissus empruntés à d'autres régions du corps. J'utilise tout simplement les débris de peau, de muqueuses, de muscles, de tendons restés dans la plaie. »

... ENSUITE, NOUS METTONS À PROFIT TOUT MORCEAU DE TISSU POUVANT SURVIVRE POUR RECOUDRE, REJOINDRE, ORIENTER, HARMONISER.

Autour du professeur, chacun de ses patients, aux visages tant bouleversés par leur sort cruel que par l'émotion, tient à la main un petit album de photos montrant les différentes étapes de sa reconstruction faciale.

J'AI RAREMENT VU SPECTACLE PLUS ÉMOUVANT QUE CELUI DE CES VISAGES FENDUS, DÉCHIQUETÉS, CREUSÉS DE TROUS, INFORMES, AUX REBORDS EN LAMBEAUX ÉPAIS, MEURTRIS.

Le professeur Morestin s'enflamme alors : « Leurs yeux, où flambait hier l'ivresse héroïque du combat, disent l'effarement et une détresse sans nom. Sans doute, un miroir leur a révélé leur disgrâce. Mais, continue-t-il... »

...À MESURE QUE LES INTERVENTIONS SUCCESSIVES AMÈNENT LEURS BIENFAITS, L'ESPOIR RENAÎT SUR TOUS CES TRAITS REMIS EN HARMONIE...

« ... Oui, l'immense espoir d'inspirer autre chose qu'une pitié douloureuse, de retrouver l'accueil sans effroi d'un enfant, et l'amour joyeux d'une femme », conclut-il enfin devant une salle conquise.

1 **une « gueule cassée »** *fam* une personne qui a survécu à la Première guerre mondiale et qui a de très graves blessures au visage – 1 **un éclat d'obus** Granatsplitter – 1 **le maxillaire** *anat* Kieferknochen – 2 **perforer** faire un trou – 2 **la voûte palatine** *anat* Gaumengewölbe – 2 **effondrer** faire tomber – 2 **le sinus maxillaire** *anat* Kieferhöhle – 2 **la fosse zygomatique** *anat* Jochbeinhöhle – 2 **une autoplastie** *méd* le fait de faire une greffe avec de la peau prélevée ailleurs sur le patient – 3 **un tissu** *ici* : Gewebe – 3 **un débris** un reste – 3 **une muqueuse** Schleimhaut – 3 **un tendon** Sehne – 3 **une plaie** Wunde – 3 **mettre à profit** *ici* : utiliser – 3 **recoudre** wieder zunähen ▸▸▸

DING DONG
J'ARRIVE !
OH, MADAME SUZANNE !
ROSE !
ÇA FAIT SI LONGTEMPS. COMMENT EST-IL ?
EH BIEN...
SUIVEZ-MOI.
HENRY !?
SUZANNE !?
JE N'ÉTAIS MÊME PLUS BON... KOFF KOFF... À FAIRE DES EXPÉRIENCES MÉDICALES... ILS M'ONT RENVOYÉ À LA MAISON...
KOFF.
C'EST BIEN, MON HENRY.
HH.
MON CHER HENRY.
TOUT IRA MIEUX MAINTENANT. NOUS ALLONS TE REQUINQUER. JACQUELINE A ENVIE DE TE VOIR. ELLE POURRAIT VENIR DEMAIN, QU'EN PENSES-TU ?
PLUS TARD, PEUT-ÊTRE.
HHH.
JE NE VEUX PAS QU'ELLE ME VOIE COMME ÇA. PAUVRE ENFANT, ELLE PRENDRAIT PEUR.
IL FAUT QUE TU L'ENTENDES : ELLE JOUE SI BIEN DU VIOLON.
NE ME DIS PAS QUE LA GRANDE CHIRURGIENNE QUE TU ES PLEURE POUR UN PAUVRE MALADE COMME MOI ?

CE FUT LA DERNIÈRE FOIS QUE SUZANNE VIT HENRY, QUI MOURUT PEU APRÈS.

(p. 82) 4 **bouleversé** erschüttert – (p. 82) 4 **le sort** le destin – (p. 82) 5 **s'enflammer** *fig* parler avec passion – (p. 82) 5 **flamber** briller – (p. 82) 5 **l'ivresse** *f ici :* Taumel – (p. 82) 5 **l'effarement** *m* Entsetzen – (p. 82) 5 **la détresse** Verzweiflung – (p. 82) 5 **révéler** montrer – (p. 82) 5 **la disgrâce** Ungnade – (p. 82) 5 **à mesure que** je mehr – (p. 82) 5 **un bienfait** un effet positif – (p. 82) 6 **la pitié** Mitleid – (p. 82) 6 **l'effroi** *m* la peur – (p. 82) 6 **conquérir une personne** jdn für sich gewinnen – (p. 83) 6 **requinquer qn** remettre qn en forme

LE 11 NOVEMBRE 1918, L'ARMISTICE.
UN VERRE POUR LA VICTOIRE, DOCTEUR SUZANNE!
MERCI, PIERRE.
BEN ALORS, DOCTEUR ! QU'EST-CE QUI VOUS REND SI TRISTE ?
RIEN, PIERRE.
RÉJOUISSEZ-VOUS, ENFIN ! DIEU MERCI, VOUS ÊTES EN BONNE SANTÉ. PENSEZ À CEUX À QUI LA GUERRE A TOUT PRIS.
BUVEZ, DOCTEUR. ET REGARDEZ COMME VOTRE FILLE EST BELLE ET COMME ELLE JOUE BIEN.
HENRY EST MORT.
MONSIEUR LANIER S'EST SUICIDÉ MALGRÉ TOUS NOS SOINS.
OH... MAIS... IL EST QUINZE HEURES !
VOUS PARTEZ ?
VIENS VITE, JACQUELINE !

1 **un armistice** Waffenstillstand – 3 **se réjouir** être joyeux

NOUS SOMMES EN RETARD !
!?
BOULA
TAXI !
VOUS ALLEZ... ?
GARE DE L'EST.
BON, MONTEZ...
MAIS JE VOUS PRÉVIENS, AUJOURD'HUI ÇA VA PAS ÊTRE FACILE !
NOUS Y SOMMES. C'EST 10 CENTIMES.
GARDEZ LA MONNAIE.
SEIZE HEURES. LE TRAIN A DÛ ARRIVER.

ANDRÉ !
!?
ANDRÉ !
SUZANNE !
PAPA !
COMMENT VAS-TU ?
MAIS... BIEN, ET VOUS ?
TU AS VU MON VIOLON ?
MES CONDOLÉANCES, POUR HENRY. JE SAIS QUE J'AI PARFOIS EU DES PAROLES BLESSANTES MAIS C'ÉTAIT UN HOMME BIEN.
JE VAIS JOUER POUR TOI À LA MAISON.
JE NE PEUX PAS VOUS ACCOMPAGNER À LA MAISON. JE DOIS RETOURNER À L'HÔPITAL. NOUS RECEVONS DE PLUS EN PLUS DE MALADES, C'EST INQUIÉTANT.
AH ?
LA MORGUE NE SAIT PLUS OÙ METTRE LES CADAVRES. C'EST À N'Y RIEN COMPRENDRE. LE MATIN, ON LAISSE UN PNEUMONIQUE EN BON ÉTAT ET LE SOIR, ON LE RETROUVE DYSPNÉIQUE, S'AGITANT DANS SON LIT, AVEC LES LÈVRES CYANOSÉES.
ÇA VA ALLER !
PAS VRAI, JACQUELINE ?

5 **mes condoléances !** *fpl* mein Beileid! – 7 **une morgue** Leichenkammer – 7 **un pneumonique** *méd* un patient malade des *poumons* (Lunge) – 7 **dyspnéique** *méd* kurzatmig – 7 **cyanosé** *méd* devenu bleu

PREVENEZ LA GRIPPE ESPAGNOLE
SIROP GAUVIN
FERMETURE DES SPECTACLES PUBLICS
ARRÊTÉ
PHARMACIE OLIVIER
L'hôpital ne peut recevoir de nouveaux patients. Restez chez vous.
Hôpital du Val-de-Grâce
BONJOUR, DOCTEUR MORESTIN…
KOFF KOFF
DOCTEUR ?
KOFF KOFF
VOUS NE VOUS SENTEZ PAS BIEN ?
BRANCARDIERS !
?

8 **un brancardier** Krankenträger, Sanitäter

CHER PROFESSEUR MORESTIN, CHER HIPPOLYTE...
AVE MARIA, GRATIA PLENA, DOMINICUS TECUM, BENEDICTA TU IN MULIERIBUS...
...COMME VOUS ALLEZ ME MANQUER. LE MONDE SANS VOUS EST UN PEU PLUS FROID, UN PEU PLUS DUR.

PEU APRÈS, SUZANNE SE REND À LA CONFÉRENCE DE RAYMOND PASSOT, UN ANCIEN ÉLÈVE DU PROFESSEUR MORESTIN.
QUAND JE FUS DÉMOBILISÉ, J'EUS L'OCCASION DE RÉALISER UNE OPÉRATION QUE J'AVAIS IMAGINÉE...
FACE À UN AUDITOIRE HOSTILE, IL RACONTE COMMENT LE GESTE MACHINAL DES FEMMES DEVANT LEUR MIROIR – REMONTER SON VISAGE EN PLAÇANT SES DOIGTS SUR SES TEMPES – L'A INSPIRÉ POUR CORRIGER LES RIDES.
...ET J'AI FIXÉ LE RÉSULTAT PAR UNE SUTURE.
MONSIEUR, UN MÉDECIN QUI S'ATTAQUE À UN CORPS SAIN SOUS UN PRÉTEXTE ESTHÉTIQUE SORT DES ATTRIBUTIONS QUE LUI CONFÈRE SON DIPLÔME ET COMMET UNE FAUTE.
À LA FIN DE LA CONFÉRENCE, SUZANNE VA LE RÉCONFORTER.
SI MORESTIN ÉTAIT ENCORE LÀ, IL VOUS SOUTIENDRAIT.
AH, HIPPOLYTE ÉTAIT PLUS MALIN QUE MOI.
COMBIEN DE FOIS LUI AI-JE DIT QU'IL DEVAIT PUBLIER, FAIRE CONNAÎTRE SON TRAVAIL !
MAIS SAVEZ-VOUS CE QU'IL ME RÉPONDAIT ? « LA SOCIÉTÉ N'EST PAS PRÊTE, PASSOT. »
LES GUEULES CASSÉES PROUVENT BIEN L'IMPORTANCE DE L'APPARENCE. COMBIEN SE SONT SUICIDÉS PARCE QUE PERSONNE NE POUVAIT LES REGARDER ?
S'IL S'AGIT DE RÉPARER LES VISAGES DE NOS SOLDATS, TOUT LE MONDE EST D'ACCORD. MAIS LA CHIRURGIE ESTHÉTIQUE ? CETTE ABOMINABLE FRIVOLITÉ ? CE BLASPHÈME FAIT À L'ŒUVRE DE DIEU ? NE VOUS LEURREZ PAS, SUZANNE. À LEURS YEUX, NOUS SOMMES DES CHARLATANS.

1 **être démobilisé** pouvoir quitter le front et rentrer – 2 **un auditoire** les personnes qui écoutent – 2 **hostile** ≠ amical – 2 **machinal** automatique – 2 **une tempe** Schläfe – 2 **une suture** *méd* Naht – 3 **sain** ≠ malade – 3 **un prétexte** Vorwand – 3 **les attributions** *fpl ici :* le rôle – 3 **conférer** donner – 3 **commettre** faire – 4 **réconforter** trösten – 4 **soutenir** aider – 4 **malin** schlau – 6 **abominable** horrible – 6 **une œuvre** Werk – 6 **se leurrer** se tromper

EN OCTOBRE 1919, SUZANNE ET ANDRÉ SE MARIENT.
MADAME PERTAT, ACCEPTEZ-VOUS DE PRENDRE ANDRÉ NOËL POUR ÉPOUX ?
OUI.
BRAVO !
VIVE LES MARIÉS !
LA NOCE A LIEU DANS LEUR BISTROT HABITUEL.
POURQUOI EST-CE QUE TU AS L'AIR CONTRARIÉE ?
TON MARI EST ENCORE ÉTUDIANT. AUCUN DE VOUS DEUX N'A PASSÉ SA THÈSE. DE QUOI ALLEZ-VOUS VIVRE ?
POUR TOI ET JACQUELINE, JE VAIS CONTINUER À TRAVAILLER À L'HÔPITAL... ET JE DONNERAI À ANDRÉ MES TRAVAUX SUR LA DOUCHE FILIFORME, COMME ÇA IL PASSERA RAPIDEMENT SA THÈSE ET JE POURRAI EXERCER EN LIBÉRAL, SOUS SA LICENCE.
TU NE TROUVES PAS ÇA INJUSTE, APRÈS CES ANNÉES DE GUERRE ET DE SACRIFICE, DE DÉPENDRE DE TON MARI POUR EXERCER TON MÉTIER ?
C'EST AINSI QU'ON FAISAIT AVEC HENRY, MAMAN.
ET ANDRÉ ? ÇA NE LE GÊNE PAS DE S'ATTRIBUER TON TRAVAIL ?
MAIS NON, PAS DU TOUT. POURQUOI CELA LE GÊNERAIT-IL ?
CE QUI COMPTE C'EST QU'ON PUISSE TRAVAILLER ET INNOVER.

commentaire 1 **la noce** le mariage – 3 **contrarié** mécontent – 4 **exercer en libéral** selbstständig arbeiten – 4 **une licence** *ici :* une autorisation de travailler comme médecin – 6 **s'attribuer le travail de quelqu'un d'autre** faire comme si le travail d'un autre était son propre travail

DEUX ANS PLUS TARD, ILS S'INSTALLENT RUE MARBEUF, PRÈS DES CHAMPS-ÉLYSÉES.
ALORS, JACQUELINE, QU'EST-CE QUE TU PENSES DE NOTRE NOUVELLE DEMEURE ?
IL Y A DES MALADES QUI VONT VENIR CHEZ NOUS TOUS LES JOURS ?
OUI, MAIS ILS RESTERONT DANS LA SALLE D'ATTENTE !
...ET D'AILLEURS ILS NE SONT PAS FORCÉMENT MALADES.
REGARDE, DE CE CÔTÉ-CI, C'EST LE CABINET DE MAMAN.
ET DE CE CÔTÉ-LÀ C'EST LE MIEN.
ET ENCORE ICI... NOTRE FAMEUSE "DOUCHE FILIFORME" !
CE N'EST PAS POUR TOI, RASSURE-TOI.
ET MA CHAMBRE, OÙ EST-ELLE ?
TA CHAMBRE ? OH MON DIEU, SUZANNE, NOUS AVONS OUBLIÉ LA CHAMBRE DE JACQUELINE !
QUELLE MISÈRE, PARDONNE-NOUS, MA CHÉRIE, ÇA NOUS EST COMPLÈTEMENT SORTI DE LA TÊTE.
!?
!
?
?
MAIS OÙ EST DONC LA CHAMBRE DE JACQUELINE ?
OÙ PEUT-ELLE BIEN ÊTRE ?

1 **une demeure** un lieu d'habitation – 2 **pas forcément** nicht unbedingt

IL RÉGNAIT UNE AMBIANCE SEREINE DANS L'APPARTEMENT DE LA RUE MARBŒUF. LA VIE SUIVAIT SON COURS...

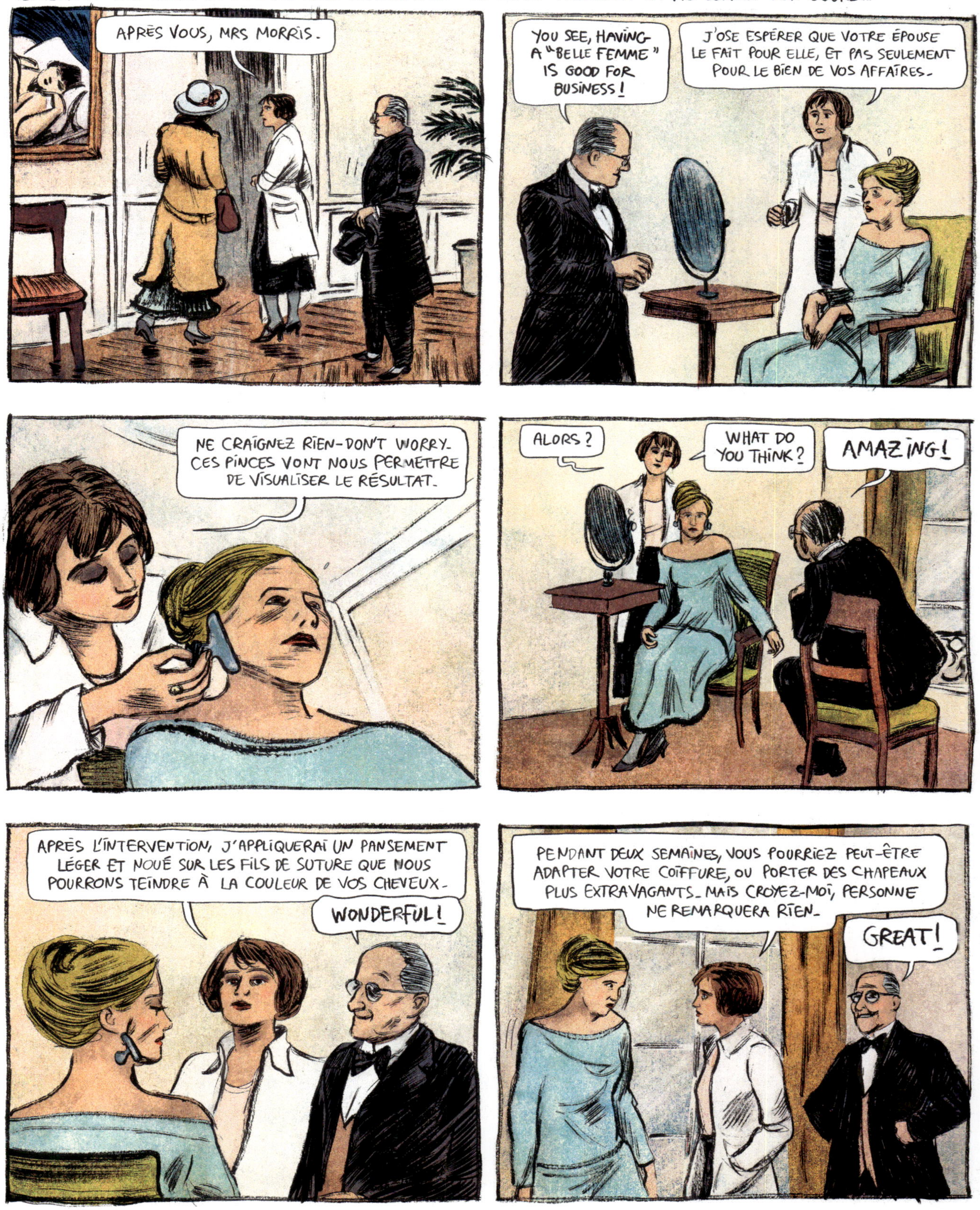
APRÈS VOUS, MRS MORRIS.
YOU SEE, HAVING A "BELLE FEMME" IS GOOD FOR BUSINESS!
J'OSE ESPÉRER QUE VOTRE ÉPOUSE LE FAIT POUR ELLE, ET PAS SEULEMENT POUR LE BIEN DE VOS AFFAIRES.
NE CRAIGNEZ RIEN - DON'T WORRY. CES PINCES VONT NOUS PERMETTRE DE VISUALISER LE RÉSULTAT.
ALORS ?
WHAT DO YOU THINK ?
AMAZING!
APRÈS L'INTERVENTION, J'APPLIQUERAI UN PANSEMENT LÉGER ET NOUÉ SUR LES FILS DE SUTURE QUE NOUS POURRONS TEINDRE À LA COULEUR DE VOS CHEVEUX.
WONDERFUL!
PENDANT DEUX SEMAINES, VOUS POURRIEZ PEUT-ÊTRE ADAPTER VOTRE COIFFURE, OU PORTER DES CHAPEAUX PLUS EXTRAVAGANTS. MAIS CROYEZ-MOI, PERSONNE NE REMARQUERA RIEN.
GREAT!

commentaire 1 **serein** calme, tranquille – 3 **craindre qc** avoir peur de qc – 5 **un pansement** Pflaster, Verband – 5 **nouer** binden – 5 **un fil** Faden – 5 **teindre** colorer

DOCTEUR NOËL, UNE RUMEUR COURT DANS TOUT PARIS : CE SERAIT VOUS QUI AURIEZ RAJEUNI SARAH BERNHARDT. POUVEZ-VOUS LE CONFIRMER POUR LE PATHÉ-JOURNAL ?
EUH… SECRET PROFESSIONNEL.
CHARLESTON ! CHARLESTON ! MADE IN CAROLINA SOME DANCE, SOME PRANCE, I'LL SAY THERE'S NOTHING FINER THAN THE CHARLESTON, CHARLESTON, LORD, HOW YOU CAN SHUFFLE…
TU SAVAIS QU'YVONNE S'ÉTAIT FAIT REFAIRE LE NEZ PAR SUZANNE NOËL ?
Le Petit Journal
Le Petit Echo de la Mode
LE DOCTEUR NOËL A ASSISTÉ À UNE PREMIÈRE À L'OPÉRA
SANS BLAGUE ?
LE PRINCIPE ABSOLU DE MES OPÉRATIONS : LA CICATRICE DOIT ÊTRE DISSIMULÉE POUR QUE L'ENTOURAGE NE SE DOUTE DE RIEN.
LA REINE DES CRÈMES
L'OREAL
CRÈME

1 **une rumeur** Gerücht – 6 **dissimuler** cacher – 6 **l'entourage** *m* les personnes autour – 6 **se douter de qc** imaginer qc, deviner qc

MONSIEUR MORRIS M'A ENVOYÉ UN TÉLÉGRAMME CE MATIN. ILS SONT DE RETOUR AU TEXAS. ÉCOUTE ÇA : "FILS RETIRÉS. RÉSULTAT MERVEILLEUX. RECONNAISSANCE ABSOLUE."
BRAVO CHÉRIE. AH, NOUS AVONS MÉRITÉ NOTRE BONHEUR.
LA DOUCHE FILIFORME EST UN SUCCÈS DANS LE TRAITEMENT DE LA SYPHILIS. TOUS LES HÔPITAUX VEULENT L'ACQUÉRIR.
TU PUBLIES DANS LES REVUES MÉDICALES DU MONDE ENTIER.
CROIS-MOI, TOUT PARIS VIENDRA BIENTÔT SONNER À NOTRE PORTE.
DING DONG
EH BIEN ! JE NE CROYAIS PAS SI BIEN DIRE.
C'EST POUR LE DOCTEUR NOËL.
JE VOULAIS DIRE, C'EST POUR MADAME.
MAIS POURQUOI LES PATIENTES DE MAMAN VIENNENT MÊME LA NUIT ?
AH, MAIS PARCE QU'ELLES NE VEULENT PAS ÊTRE VUES ICI.
VOILÀ POURQUOI.
ALLEZ, AU LIT !
MAMAN FAIT QUELQUE CHOSE D'INTERDIT, C'EST ÇA ?
NON, PAS VRAIMENT. TA MAMAN EST UNE SORTE DE MAGICIENNE QUI CHANGE LE VISAGE DES GENS.
ET LES GENS NE VEULENT PAS QU'ON SACHE QU'ILS VONT VOIR DES MAGICIENS, TU COMPRENDS ?

1 **mériter** verdienen

ASSEYEZ-VOUS ET DITES-MOI TOUT.
VOILÀ. AVANT LA GUERRE, J'AI TRAVAILLÉ DANS LES PLUS GRANDS RESTAURANTS ET MES RÉFÉRENCES SONT IRRÉPROCHABLES.
MAIS L'ÂGE, LES PRIVATIONS, LA FATIGUE DE DEVOIR ÉLEVER SEULE TROIS ENFANTS, ONT MARQUÉ MES TRAITS ET PLUS PERSONNE NE VEUT M'ENGAGER À PRÉSENT. JE SUIS DÉSESPÉRÉE.
VOUS AVEZ EU RAISON DE VENIR ME TROUVER.
UN VERRE DE PORTO ?
OH NON, JE NE VOUDRAIS PAS...
QUI A-T-IL DONC, MA CHÈRE ?
C'EST QUE...
JE N'AI RIEN MANGÉ DEPUIS HIER ET JE CRAINS DE ME TROUVER MAL.
OH DOCTEUR, LA VÉRITÉ, C'EST QUE JE NE SAIS PAS SI JE POURRAI VOUS PAYER. JE N'AURAIS PAS DÛ VENIR.
ATTENDEZ !
MATHILDE, APPORTEZ DU POULET FROID, DU PAIN ET CES PETITES FRIANDISES AU CHOCOLAT QU'AIME JACQUELINE.
OUI MADAME.
ÉCOUTEZ, UNE OU DEUX INCISIONS SUFFIRONT À VOUS RAJEUNIR DE PLUSIEURS ANNÉES. QUAND VOUS AUREZ RETROUVÉ UN EMPLOI, CE QUI ARRIVERA VITE, NOUS VERRONS POUR LE PAIEMENT. C'EST D'ACCORD ?
OH ! MERCI DOCTEUR !

2 **irréprochable** auquel on ne peut faire aucun reproche, parfait – 3 **une privation** Entbehrung – 3 **désespéré** verzweifelt – 7 **une incision** le fait de couper (Einschnitt)

DÉCEMBRE 1921.

VOUS N'AVEZ PAS VU LEUR CÉZANNE? IL EST DANS LE PETIT SALON... MAGNIFIQUE!
MOI, J'AI ACHETÉ DU PICASSO... À PERTE, SANS DOUTE.
QUELLE BELLE FÊTE, DOCTEUR NOËL.
BONSOIR SCHALLER, VOUS N'AVEZ PAS APPORTÉ VOTRE APPAREIL PHOTO?
IL RESTE DU CHAMPAGNE?
ENCORE?
CHÉRIE, VA DONC CHERCHER TON VIOLON. TU VAS NOUS JOUER QUELQUE CHOSE?
SI TU VEUX, PAPA.
VOTRE FILLE EST VRAIMENT CHARMANTE.
ELLE A UN DON EXTRAORDINAIRE, VOUS SAVEZ. ELLE VA PRÉSENTER LE CONCOURS D'ENTRÉE AU CONSERVATOIRE.
LES FEMMES BRITANNIQUES ONT OBTENU LE DROIT DE VOTE IL Y A QUATRE ANS. COMMENT EST-IL POSSIBLE QUE LES FEMMES FRANÇAISES NE PUISSENT PAS BÉNÉFICIER DES MÊMES DROITS?
MA CHÈRE, CES MESSIEURS NOUS CRAIGNENT. ILS NE VOULAIENT PAS ÉTUDIER AVEC NOUS, ILS REFUSENT DE TRAVAILLER SOUS NOS ORDRES, ALORS QUE L'ON SE PIQUE DE POLITIQUE... ILS NE LE SUPPORTERAIENT PAS.
HA HA!

 3 **un don** un talent – 3 **le conservatoire** *ici :* une prestigieuse école de musique – 5 **se piquer de qc** s'intéresser à qc

JE SUIS PEUT-ÊTRE CHANCEUSE, MAIS J'AI RENCONTRÉ BEAUCOUP D'HOMMES QUI M'ONT AIDÉE, MIEUX, QUI ONT SOUTENU MES AMBITIONS.
NE CRAIGNEZ-VOUS PAS, EN VANTANT PARTOUT LES MÉRITES DE LA CHIRURGIE ESTHÉTIQUE, D'ENFERMER LES FEMMES DANS CETTE IMAGE FRIVOLE ET VANITEUSE QUE LES HOMMES SE FONT DE NOUS ?
MAIS CE N'EST PAS DU TOUT FRIVOLE, FIGUREZ-VOUS. LA FEMME MODERNE PREND SOIN D'ELLE, ELLE S'AFFIRME.
LA BEAUTÉ EST POUR LA FEMME UNE SORTE DE CAPITAL.
EN MANQUER C'EST ÊTRE DÉSAVANTAGÉE DANS UNE SOCIÉTÉ QUI MET LA BEAUTÉ AU CENTRE. UNE FEMME QUI SOUFFRE DE SON APPARENCE A PLUS DE RISQUES DE VIVRE DANS LA PRÉCARITÉ, DE SOUFFRIR DE PROBLÈMES ÉMOTIONNELS.
VRAIMENT ?
LA CHIRURGIE CORRIGE LES EFFETS DE LA VIEILLESSE, DE LA PAUVRETÉ, DE LA MALADIE OU DE L'ÉPUISEMENT. CES FEMMES RETROUVENT UNE VIE NORMALE, PEUVENT CHERCHER UN EMPLOI. J'ÉCRIS EN CE MOMENT MÊME UN ARTICLE SUR LES CONSÉQUENCES PSYCHOLOGIQUES DE CE TYPE D'INTERVENTION.
CROYEZ-MOI, TRÈS CHÈRE, VOUS AURIEZ TORT DE NE PAS INVESTIR. CE QUI EST MERVEILLEUX, C'EST QUE C'EST INVISIBLE. PERSONNE NE PENSERA QUE VOUS ÊTES FRIVOLE CAR PERSONNE NE SE DOUTERA DE RIEN !
SUZANNE !
OUI, CHÉRI, QU'Y A-T-IL ?
C'EST JACQUELINE... VIENS VOIR, ELLE NE SE SENT PAS BIEN.

1 **vanter les mérites** *mpl* **de qc/qn** dire beaucoup de bien de qc/qn – 1 **vaniteux** eitel, eingebildet – 3 **manquer de qc** ne pas avoir assez de qc – 3 **la précarité** (soziale) Unsicherheit – 4 **l'épuisement** *m* une grande fatigue – 5 **avoir tort** ≠ avoir raison

JACQUELINE!
QU'EST-CE QU'ELLE A?
TU ES BRÛLANTE.
SA FIÈVRE NE BAISSE PAS.
ELLE N'A RIEN MANGÉ DEPUIS HIER.
TU AS APPELÉ LE DOCTEUR MASSON?
ANDRÉ, IL NE NOUS DIRA RIEN DE PLUS QUE LES AUTRES C'EST LA GRIPPE ESPAGNOLE, J'AI DÉJÀ VU...
TU N'EN SAIS RIEN, APPELLE-LE!
JE ME FICHE DE CE QUE TU AS VU, JE ME FICHE DE TOUT!

2 **être brûlant** avoir beaucoup de *fièvre* (Fieber)

JE VEUX QU'ON SAUVE MA FILLE, C'EST TOUT. TU COMPRENDS ÇA ?

À suivre...

Leila Slimani + Clément Oubrerie

(René Apallec)

(Otto Dix)

Mes remerciements vont d'abord à mon éditeur et ami, Laurent Muller.
Sans son écoute, son enthousiasme et sa rigueur, ce projet n'aurait pas vu le jour.
Merci à Clément Oubrerie dont les doigts de fée et l'œil vif ont donné corps à cette histoire.
Merci à Sandra Desmazières pour sa magnifique mise en couleur.
Merci au docteur Natalie Rajaonarivelo pour sa disponibilité et ses précieux conseils.
Toute ma gratitude va à l'équipe des Arènes pour son aide et son soutien.
LEÏLA SLIMANI

1. Auflage 1 [5 4 3 2 1] | 2027 26 25 24 23

Alle Drucke dieser Auflage sind unverändert und können im Unterricht nebeneinander verwendet werden.

www.klett-sprachen.de

Worterklärungen von Laure Boivin

Redaktion: Elena Bergmann
Gestaltung und Satz: Joachim Schrimm, ETYPO, Friolzheim
Titelbild: © Les Arènes, Paris, 2020
Druck und Bindung: Plump Druck & Medien GmbH, Rheinbreitbach

Printed in Germany

ISBN 978-3-12-591621-0

à mains nues

Tome I
1900-1921